بسم الله الرحمن الرحيم

وَمَا أُوتِيتُم مِّن الْعِلْمِ إِلاَّ قَلِيلاً

صدق الله العظيم

مبادئ

التوجيه والإرشاد التربوي

مبادئ التوجيه والإرشاد التربوي

مشاكل الطلاب التربوية، النفسية،
السلوكية، والاجتماعية

تأليف الدكتور

عبد الله الطراونة

2009

دار يافا العلمية للنشر والتوزيع

٣٧٠.١٥

الطراونة ، عبد الله عبدالرزاق

مبادئ التوجيه والإرشاد التربوي/عبد الله عبدالرزاق

الطراونة .ـ عمان: دار يافا العلمية ، ٢٠٠٨

( ) ص

ر.إ : ٢٠٠٨/٢/٤٤٠

الواصفات : /علم النفس التربوي//الإرشاد//التربية//التوجيه التربوي

* تم اعداد بيانات الفهرسة الأولية من قبل دائرة المكتبة الوطنية

الطبعة الأولى ، 2009

دار يـــافـــا العلمية للنشر والتوزيع

الأردن – عمان – تلفاكس ٤٧٧٨٧٧٠ ٦ ٠٠٩٦٢

ص.ب ٥٢٠٦٥١ عمان ١١١٥٢ الأردن

E-mail: dar_yafa @yahoo.com

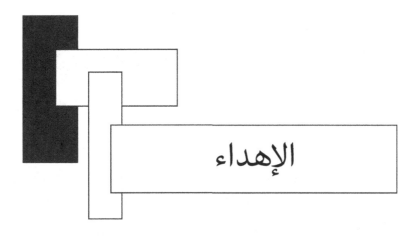

الإهداء

إلى روح من علمتني الصبر والمثابرة

إلى روح أمي .....

إلى روح أخي الشهيد يزن

حباً راسخاً في القلب......

المقدمة

أن الفكرة وراء وضع هذا الكتاب حول التوجيه والإرشاد التربوي نابعة من خبرتي في العمل الإرشادي ، لأكثر من عشر سنوات في مدارس وزارة التربية والتعليم في المملكة الأردنية الهاشمية ، والتي تعلمت فيها الكثير حول مدى سمو مهنة الإرشاد ومعنى تقديم الخدمات الإرشادية للطلبة،والأباء، وما يترتب على ذلك من منعكسات إيجابية تعود على العملية التعليمية التعلمية، لأنتقل بعدها إلى العمل في التعليم العالي مستمراً في تقديم الخدمة الإرشادية لطلبتي هذا إلى جانب القيام بتدريس مساقات في الإرشاد والصحة النفسية مما زاد في تصميمي على أن يخرج هذا المؤلف إلى حيز الوجود.

إن الاهتمام بالتنيمة البشرية ضرورة ملحة لتقدم المجتمع ولا يمكن لأي مجتمع أن يؤدي دوره الفاعل في تحقيق التنيمة الاقتصادية والاجتماعية دون أن تكون له مؤسساته التي تعنى ببناء الفرد في كافة النواحي، ولعل المؤسسات التربوية هي المعنية الأولى بمجال التوجيه الإرشاد، فالعمل التربوي يتطلب مراعاة الجوانب النفسية والاجتماعية والتي تعد مرتكزات رئيسية في التنشئة السليمة، فعدم تلبية تلك الجوانب سيؤدي إلى سوء التكيف و ظهور مشكلات عديدة تؤثر بالفرد وبحياته المستقبلية وبالتالي سيؤثر ذلك على المجتمع ككل.

وتؤكد التربية الحديثة على جعل الطالب متكيفاً مع نفسه و أقرانه ومعلميه ولكي يتحقق هذا التكيف لدى طلبتنا لابد من توفر كوادر تربوية متخصصة ومنها المرشد التربوي المؤهل بأساليب علمية موضوعية تبتعد عن العشوائية والتخبط ، فالمرشد غير المؤهل قد يلجأ إلى أساليب غير تربوية في

تقديم الخدمات الإرشادية داخل المؤسسة التربوية ، وذلك لأنه عاجز على كيفية التعامل التربوي السليم ، ومن هنا تبدأ المعاناة بالنسبة للمرشد والطالب فالأول لا يستطيع مواجهة المشكلات بأسلوب علمي مما سيؤثر سلباً على الثاني في تكيفه وبناء شخصيته.

إن العلاقة بين المرشد والطلبة هي علاقة تبادل وتفاعل فكل منهما يؤثر في الآخر، لذا يمكن القول أن العشوائية في تقديم خدمات الإرشاد تؤثر في دافعية المرشد نحو مهنة الإرشاد من جهة كما تؤثر في دافعية الطلبة نحو التعلم ونحو الإرشاد هذا من جهة، ومن جهة أخرى فالمرشد الذي يتسم بالتخبط والعشوائية لن تكون لديه القدرة على مواجهة المشاكل التي تحدث في إطار المؤسسة التربوية، وهذا سيؤثر سلباً على عطاءه و اتجاهاته نحو الطلبة كما سينعكس ذلك في ذات الوقت وبشكل سلبي على الطلبة أنفسهم واتجاهاتم نحو الإرشاد والعمل الإرشادي برمته، لذلك جاء هذا الكتاب موجهاً إلى طلبة كليات التربية ، والمعلمين ، والمرشدين ، والأباء ، وحتى لجميع العاملين في المؤسسات التربوية المختلفة، راجياً من الله العزيز القدير التوفيق في تقديم ما يفيد العلم والمتعلمين .

المؤلف

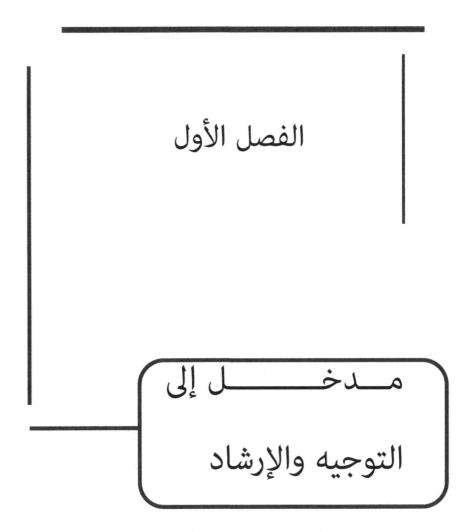

الفصل الأول

مـــــدخـــــل إلى

التوجيه والإرشاد

التوجيه والإرشاد التربوي

قبل البدء في تحديد معنى الإرشاد التربوي نرى أنه من الضروري تحديد معنى التوجيه التربوي الذي يعتبر الإطار العام للإرشاد التربوي، إذ أن البدايات الأولى للتوجيه التربوي كانت مع بداية الإهتمام بمشكلة التأخر الدراسي بين التلاميذ حيث أن التأخر الدراسي جذب انتباه بعض المدرسين والتربويين ودفعهم إلى البحث عن الأسباب الكامنة التي أدت إلى ذلك إلى أن توصلوا إلى أن الفروق الفردية هي السبب وراء هذا التأخر ومن هنا كانت الإنطلاقة في الاهتمام بالتوجيه التربوي للعمل على الحد من زيادة المشكلات في المدارس.

فيعرف مايرز **التوجيه التربوي** بأنه" العملية التي تهتم بالتوفيق بين الفرد بماله من خصائص مميزة من ناحية والفرص الدراسية المختلفة والمطالب المتباينة من ناحية أخرى والتي تهتم أيضاً بتوفير المجال الذي يؤدي إلى نمو الفرد وتربيته"

ويرى كل من بركات و زيدان **التوجيه التربوي** على أنه " مجموعة الخدمات التي تهدف إلى مساعدة الفرد على أن يفهم نفسه ومشاكله ، وأن يستغل إمكاناته الذاتية من قدرات ومهارات واستعدادات وميول وأن يستغل إمكانيات بيئته فيحدد أهدافاً تتفق مع إمكانياته من ناحية ، وإمكانيات هذه البيئة من ناحية أخرى نتيجة لفهم نفسه وبيئته، واختيار أفضل الطرق التي تحقق له ذلك إلى أن يصل إلى التكيف مع نفسه وبيئته فيبلغ أقصى ما يمكن بلوغه من النمو والتكامل في شخصيته"

في حين يعرف زهران **التوجيه** بأنه" العملية الواعية والمستمرة والبناءة والمخطط لها بعناية ، والتي تهدف إلى مساعدة الفرد وتشجيعه لكي يعرف نفسه ويفهم ذاته ويدرس شخصيته ويعرف خبراته ويحدد مشكلاته وينمي إمكاناته ويحل مشكلاته في ضوء معرفته ورغبته وتعليمه وتدريبه لكي يصل إلى تحديد وتحقيق أهدافع و تحقيق الصحة النفسية والتوافق شخصياً وتربوياً ومهنياً وزواجياً وأسرياً"

أما **الإرشاد التربوي** فيمكن أن نورد العديد من التعريفات التي نحاول من خلالها توضيح مفهوم الإرشاد.

فيعرف مورتنس عملية **الإرشاد التربوي** بوصفها وسيلة لتعديل السلوك حيث تتجلى فيها صورة كاملة من ناحيتي الوقاية والنمو بغرض مساعدة الفرد على تفسير خبراته الحياتية وفهمها والتخطيط لها بشكل جيد بحيث يستطيع أن يصبح فرداً إيجابياً منتجاً.

ويعتبر **الإرشاد التربوي** من منظور فاولر بأنه " علاقة طوعية بين شخصين تتسم بالتقبل أخدهما لديه مشكلة أو مشاكل تتعلق بمصير توازنه والآخر هو الشخص الذي يفترض به تقديم المساعدة وأن يتحلى ببعض السمات والخصائص التي تمكنه من تقديم تلك المساعدة، وأن تكون العلاقة بصورة مباشرة وجهاً لوجه والطريقة المتبعة في هذا المجال هي المخاطبة والكلام"

أما زهران فينظر إلى **الإرشاد التربوي** على أنه "عملية مساعدة الفرد في رسم الخطط التربوية التي تتلائم مع قدراته وميوله وأهدافه ، وأن يختار نوع الدراسة والتخصص المناسب له بشكل يساعده في اكتشاف الإمكانات التربوية

التي تساعده في النجاح وتشخيص المشكلات التربوية وعلاجها بما يحقق توافقه التربوي بصفة عامة"

فالإرشاد التربوي : هو عملية مساعدة الفرد في رسم الخطط التربوية التي تتلائم مع قدراته وميوله وأهدافه ، و أن يختار نوع الدراسة والمناهج المناسبة والمواد الدراسية التي تساعده في إكتشاف الإمكانات التربوية فيما بعد المستوى التعليمي الحاضر ومساعدته في النجاح في برنامجه التربوي والمساعد في تشخيص وعلاج المشكلات التربوية بما يحقق توافقه التربوي بصفة عامة .

ويمكننا أن نعرف **الإرشاد التربوي** بأنه " عملية مساعدة الفرد على التبصر ـ بمشكلاته من خلال معرفته لذاته وقدراته للوصول إلى الحل الملائم ليساهم بوضع أهداف مستقبلية تسهم في تحقيق ذاته"

ويمكن القول أن **الإرشاد التربوي** هو عبـارة عـن " **عمليـة مهنيـة متخصصـة هادفـة منظمة ومخطط لها تحدث بين طرفين (المرشد ، والمسترشد)"**

ونلاحظ من التعريف الأخير أن الإرشاد التربوي **كعملية** يعني أن لها مـدخلات تتمثل في المرشد والمسترشد، ولها مخرجات تتمثل في تحقيق الأهداف المتوخاة من هذه العملية كحـل المشكلات أو تحقيق التوافق النفسي أو تحقيق التكيف، وهنالك ما بـين المـدخلات والمخرجات يتم حدوث المعالجات والتي تتمثل في ما يتم من تفاعـل متبـادل بـين طرفـي العملية (المرشـد والمسترشد)

ويقصد **بمهنية** أي أنها تدخل ضمن إطار المهن الإنسانية التي تهدف إلى تقديم المساعدة للآخرين وهي مغلفة بإطار مهني مـنظم لـه أخلاقيـات مهنيـة و محكومـة بدستور أخلاقي مهني فيعتمد نجاح هذه العملية على مدى ما تتمتع به من خاصية مهنية.

أما أن الإرشاد كعملية **متخصصة** فهذا مؤشر على مدى ما تتمتع به عملية الإرشاد من خصوصية في التعامل مع المشكلات الخاصة بالفرد، إضافة إلى أنها عملية ترتكز على علم قائم بحد ذاته له أهدافه وله وظائفه كأي علم آخر، فالمرشد كأحد أطراف عملية الإرشاد هو فرد متخصص في مجاله أي أنه يمتلك القدرة على التعامل مع المشكلات المختلفة على نحو متخصص و هو مؤهل من خلال الإعداد المتخصص في مجال الإرشاد.

ويقصد بعملية **هادفة** أنها عملية لها أهداف متوخاة يتم العمل على تحقيقها و يمكن أن تتعدد الأهداف المتوخاة من عملية الإرشاد، ولكن وبشكل عام يمكن القول أن الإرشاد التربوي يهدف إلى مساعدة الطالب ككل في تقدمه وتوافقه لمختلف حاجاته الفردية ورغباته وقابليته وإيصاله إلى أقصى حد ممكن من التقدم ، ولأجل الوصول إلى هذا الغرض لابد من التفكير في إيجاد مناهج علمية تربوية مبنية على معرفة الفروق الفردية وتطبيق الأساليب العلمية بالنسبة إلى قابلية كل فرد بقدر الإمكان مع الحفاظ على الإطار الأساسي للمناهج العامة المشتركة.

وفيما يتعلق بأنها عملية **منظمة ومخطط لها** فهذا يعني أنها ليست عملية عشوائية بل هي عملية تسير وفق خطوات علمية مدروسة وضمن خطة واضحة تتحدد معالمها في ضوء ما يتم السعي إلى تحقيقه من أهداف متوخاة، و أيضاً في ضوء خصائص المشكلات التي يتم التعامل معها كما يجب أن لا نغفل الفروق الفردية بين الطلبة أو الأفراد.

وباستعراضنا لما سبق نجد أن كل من التوجيه والإرشاد عمليتين تعبران عن معنى مشترك، فكل من العمليتين يتضمن في جوهره معنى المساعدة والهداية

والإصلاح و التغير نحو السلوك الأفضل، فهما عمليتان متصلتان معاً وهما وجهان لعملـة واحـدة فكل منهما يكمل الآخر إلا أنه وبالرغم من ذلك يوجد بعض الفروق بينهما التي يحسن الإشـارة إليها هنا :

فالتوجيه : عبارة عن مجموعه من الخدمات المخططة التي تتسم بالاتساع والشمولية وتتضـمن داخلها عملية الإرشاد، ويركز التوجيه على إمداد الطالب بالمعلومات المتنوعة والمناسبة وتنميـة شعوره بالمسؤولية بما يساعده على فهم ذاته والتعرف على قدراته وإمكاناته ومواجهة مشكلاته واتخاذ قراراته وتقدم خدمات التوجيه للطلاب بعدة أساليب كالندوات والمحاضرات واللقـاءات والنشرات والصحف واللوحات والأفلام والإذاعة المدرسية ...الخ

كما ويشير زهران إلى أن عملية التوجيه تعبر عن ذلك الميـدان الـذي يتضـمن الأسـس العامة والنظريات الهامة والبرامج المتخصصة في إعداد المسؤولين عن عمليـة الإرشاد ، ويهـدف التوجيه إلى تحقيق الصحة النفسية كما يغلب على التوجيه الصفة الجماعية فلا يقتصر على فرد ولا على صف دراسي بل قد يشـمل مجتمـع بأكملـه، كـما أن التوجيـه كعمليـة تسـبق عمليـة الإرشاد وتمهد لها.

الإرشاد : هو الجانب الإجرائي التطبيقي العمـلي المتخصـص في مجـال التوجيـه والإرشاد وهو العملية التفاعلية التي تنشأ عن علاقات مهنية بناءة مرشد (متخصص) ومسترشد (طالب) يقـوم فيه المرشد من خلال تلك العملية بمساعدة الطالب على فهـم ذاتـه ومعرفـة قدراتـه وإمكاناتـه والتبصر بمشكلاته ومواجهتها وتنمية سلوكه الإيجابي، وتحقيق توافقه الـذاتي والبيئـي ، للوصـول إلى درجة مناسبة من الصحة النفسية في ضوء الفنيات والمهارات المتخصصة للعملية

الإرشادية، إضافة إلى أنها عملية ختامية أي أنها تمثل الواجهة الختامية لعملية التوجيه.

الأهداف العامة للتوجيه والإرشاد التربوي

يأتي بعض الكتاب على ذكر أهداف كثيرة و متعددة للتوجيه والإرشاد التربوي لدرجـة تصل إلى حد التشتيت و عدم التركيز ، في حين يرى البعض الآخر بأن أهـداف التوجيـه والإرشاد التربوي ترتبط بطبيعة المشكلة و طبيعة المسترشد ، وبالعموم يمكـن القـول أن أهـم أهـداف التوجيه والإرشاد التربوي تتمثل بما يلي:

١- توجيه الطالب وإرشاده في جميع النواحي النفسية والأخلاقية والاجتماعية والتربوية والمهنية لكي يصبح عضوا صالحاً في بناء المجتمع وليحيا حياة مطمئنة راضية.

٢- بحث المشكلات التي يواجهها الطالب سواء كانت شخصيه أو اجتماعيه أو تربويـة والعمـل على إيجاد الحلول المناسبة ، وتوفر له الصحة النفسية .

٣- العمل على توثيق الروابط والتعاون بين البيت والمدرسة لكي يصبح كل منهما مكملا وامتدادا للآخر لتهيئة الجو المشجع للطالب لكي يواصل دراسته .

٤- العمل على اكتشاف مواهب وقدرات وميول الطلاب المتفوقين أو غير المتفوقين علـى حـد سواء والعمل على توجيه واستثمار تلك المواهب والقدرات والميول فيما يعـود بالنفـع علـى الطالب خاصة والمجتمع بشكل عام

٥- إيلاف الطلبة بالجو المدرسي وتبصيرهم بنظام المدرسة ومساعدتهم قدر المستطاع للاستفادة القصوى من برامج التربية والتعليم المتاحة لهم وإرشادهم إلى أفضل الطرق للدراسة والمذاكرة.

٦- مساعدة الطلاب على اختيار نوع الدراسة والمهنة التي تتناسب مع مواهبهم وقدراتهم وميولهم واحتياجات المجتمع ، وكذلك تبصيرهم بالفرص التعليمية والمهنية المتوفرة لتزويدهم بالمعلومات وشروط القبول الخاصة بها حتى يكونوا قادرين على تحديد مستقبلهم آخذين بعين الاعتبار اشتراك أولياء أمورهم في اتخاذ مثل هذه القرارات .

٧- الإسهام في إجراء البحوث والدراسات حول مشكلات التعليم في المملكة ، على سبيل المثال مشكلة التسرب وكثرة الغياب وإهمال الواجبات المدرسية وتدني نسب النجاح في المدرسة ..الخ.

٨- العمل على توعية المجتمع المدرسي (الطالب والمدرس والمدير) بشكل عام بأهداف ومهام التوجيه والإرشاد ودوره في التربية والتعليم.

مبررات التوجيه والإرشاد التربوي:

من المعروف أن المدرسة لها وظيفة أساسية وهي إعداد جيل جديد إعداداً علمياً ونفسياً وخلقياً وإجتماعياً بحيث يتمكن من أداء دوره في المجتمع بشكل فعال ومؤثر فالمدرسة هي المؤسسة الاجتماعية التي تلي الأسرة من حيث تأثيرها في سلوك الفرد، فهي التي تعده للحياة المستقبلية من خلال اكتشاف قدراته وميوله وتقديم برامج تربوية علمية تهدف إلى تطوير هذه القدرات والميول بشكل يجعل الفرد قادراً على خدمة نفسه ومجتمعه.

كما وأن المدرسة توفر الأمن النفسي والاجتماعي للفرد إن تمكنت من استيعاب التطور التكنولوجي والعلمي والمستجدات التربوية ، والمعرفة بأسلوب علمي حديث، استطاعت أن ترقى بالمستوى الاجتماعي والتربوي إلى الحد الذي يجعلها مركز إشعاع اجتماعي ونفسي ـ وتربوي.

وتقوم المدرسة كذلك بتيسير نمو الطلبة من جوانب متعددة جسمياً ، وحركياً، و لغوياً و معرفياً و انفعالياً واجتماعياً ، إلا أن بعض الطلبة يتعرضون لأشكال من الصعوبات و المشاكل داخل المدرسة ، فالبعض منهم يكون قادراً على تجاوز تلك المشكلات والصعوبات والبعض الآخر لا يكون كذلك.

ونظراً لأهمية دور المدرسة و لوجود الفروق الفردية بين الطلبة في التعامل مع المشكلات والصعوبات كان من الضروري، وبشكل ملح أن يتم تقديم الخدمات الإرشادية داخل المدرسة وهذا ما يمثل مبرراً رئيسياً بضرورة وجود وحدة متخصصة تقدم الخدمات الإرشادية داخل المدرسة، إضافة إلى ظهور الحاجة إلى الخدمات النفسية الفردية بصورة واضحة نتيجة التطور الذي تناول المجتمع فأدى إلى إختلاف الظروف التي يعيشها الفرد ، وتعقد النظم الاجتماعية التي يخضع لها. ويمكن إجمال الأسباب الداعية لوجود مرشد تربوي في المدرسة إلى مجموعة الأسباب والمبررات التالية:

١ - التقدم التكنولوجي والتغيرات الاجتماعية الناجمة عنه:

فلقد تناول التطور التكنولوجي مجمل جوانب الحياة ومظاهرها مما أدى إلى تغير فكر الأفراد حول مجتمعاتهم، كما أدى إلى تغير مفاهيم الكثيرين عن أنفسهم ، مما جعلهم يعيدون النظر في قدراتهم الذاتية، بما يتلائم والتغيرات الاجتماعية التي واكبت التطور التقني الهائل.

٢ - الزيادة السكانية في العالم وأثرها في استيعاب المدارس والجامعات للطلبة:

إن الزيادة السكانية المطردة في العالم خلقت مشكلات يتصل بعضها بالنقص الغذائي و بعضها الآخر يتصل بانخفاض مستوى المعيشة في كثير من دول العالم أضف إلى ذلك أكتظاظ المدارس والجامعات بأعداد الطلبة الكبيرة الأمر الذي أدى إلى ظهور مشكلات نتيجة تلك الزيادة في أعداد الطلبة كمشكلات التكيف المدرسي والتأخر الدراسي، والمشكلات السلوكية ومشكلات إعداد الطلبة نحو الحياة العملية بعد التخرج من المدرسة أو الجامعة، كل ذلك جعل الحاجة إلى ضرورة وجود مرشد تربوي ضرورة ملحة تفرض نفسها على الواقع التربوي والاجتماعي.

٣- تطور الفكر التربوي:

تطور الفكر التربوي تطوراً كبيراً، فالنظرة الفلسفية التي تبنتها التربية من حيث التركيز على الطالب أكثر من التركيز على المحتوى الدراسي أتاحت الفرصة أمام الاتجاهات النظرية في علم النفس كي تسهم بفعالية في رفع مستوى الطالب على كافة الجوانب سواء التحصيلي والاجتماعي والنفسي والانفعالي، وبالتالي أصبح لبرامج الإرشاد التربوي مكانة هامة في العملية التربوية.

٤- الصعوبات التي تواجهها المدرسة الحديثة:

حيث يفترض من المدرسة مواجهة العديد من الصعوبات التي تهدد دورها التربوي في بناء الجيل وإعداده لمواجهة مشكلات الحاضر والمستقبل، فالتطور التكنولوجي وتغير الاتجاهات والمعايير المجتمعية في العالم أجمع. زاد من

المهام الملقاة على عاتق المدرسة وبالتالي كان لابد من الإرشاد داخل المدارس والجامعات وذلك لتقديم الخدمات المتخصصة في مواجهة مشكلات الجيل الجديد وإعداده للمستقبل بشكل مناسب.

٥- دراسات ميدانية تقرر الحاجة إلى المرشد التربوي:

أوضحت نتائج العديد من الدراسات العلمية والبحثية أن الاتجاه الحديث في رسم السياسات التربوية يؤكد على ضرورة أن يكون أي نظام تربوي مشتملاً على برامج في التوجيه والإرشاد التربوي، يقوم عليه متخصصون، كما ويتفق المربون على أهمية وجود التوجيه والإرشاد ضمن كافة المراحل الدراسية ويؤكد غالبتهم على ضرورة وجود مرشدين لمساعدة الطلبة على حل مشكلاتهم الشخصية والاجتماعية والمدرسية ورفع مستوى تكيفهم الدراسي.

ويترتب على حاجة الشباب إلى التوجيه الجيد للحياة العملية المستقبلية وجود المرشد المدرسي خصوصاً في المدارس الثانوية حيث يمكن للمرشد أن يمدهم بالمعلومات الدراسية والمهنية ، وأن يدرس قدراتهم واستعداداتهم وميولهم فهو شخص مهني متخصص قادر على فهمهم وتقبلهم أكثر من غيره لما يتصف به من خصائص وميزات وتأهيل علمي وتدريب مهني، ولعل الاتجاه الحديث في بعض الأنظمة التربوية في الدول العربية يحرص على تبني برامج الإرشاد المدرسي التربوي حيث بذلت الجهود لتوفير الاعداد اللازمة من المرشدين المؤهلين علمياً وعملياً .

مناهج التوجيه والإرشاد

تتعدد المناهج في التوجيه والإرشاد كعلـم قـائم بحـد ذاتـه و يتضـمن علـم التوجيـه والإرشاد المناهج التالية :

المنهج الإنمائي :

ويطلق عليه المنهج الإنشائي أو التكويني ويحتوي على الإجراءات والعمليات الصحيحة التي تؤدي إلى النمو السليم لدى الأشخاص العاديين والأسوياء والارتقاء بأنماط سلوكهم المرغوبة خلال مراحل نموهم حتى يتحقق أعلى مستوى من النضج والصـحة النفسـية والتوافق النفسي- عن طريق نمو مفهوم موجب للذات وتقبلها ، وتحديد أهداف سليمة للحياة ، وتوجيه الـدوافع والقدرات والإمكانات التوجيه السليم نفسياً واجتماعياً وتربوياً ومهنياً ورعاية مظاهر الشخصية الجسمية والعقلية والنفسية والاجتماعية .

المنهج الوقائي :

ويطلق عليه التحصين النفسي ضد المشكلات والاضطرابات والأمـراض، وهـو الطريقـة التـي يسلكها الشخص كي يتجنب الوقوع في مشكلة ما.

ويمكن القول أن الوقاية تسير وفق ثلاثة خطوط تسمى بمستويات الوقاية وهي كما يلي:

١ - مستوى الوقاية من الدرجة الأولى :

حيث يكون الهدف هنا منع وقـوع المشـكلة ، والعمـل عـلى توعيـة الأفـراد بالأسـباب المؤدية للمشكلات المختلفة و محاولة الابتعاد عـن تلـك العوامـل التـي تـؤدي إلى وقـوع الفـرد بالمشكلات.

٢- مستوى الوقاية من الدرجة الثانية :

ويكون الهدف في هذا المستوى هو تحقيق منع تفاقم المشكلة ، فقد تكون المشكلة موجودة ، ولايمكن تلافي وجودها وهنا يجب العمل على وقف استمرارية زيادة المشكلة بل يجب الحد من ذلك.

٣- مستوى الوقاية من الدرجة الثالثة:

ويتربط هذا المستوى بالمنهج العلاجي ، إلا أننا نقصد بالوقاية من الدرجة الثالثة بأن نركز على ما لدى الفرد من قدرات وأن لا نركز على ذلك العجز أو النقص الذي ترتب على وجود مشكلة ما ، فلكي نساعد الفرد صاحب المشكلة لابد لنا من الحد من تأثيرها من خلال التركيز على الجوانب الإيجابية لدى الفرد فذلك له الآثر الأكبر في معالجة المشكلات.

المنهج العلاجي :

ويتضمن مجموعة الخدمات التي تهدف إلى مساعدة الشخص لعلاج مشكلاته والعودة إلى حالة التوافق والصحة النفسية ، ويهتم هذا المنهج باستخدام الأساليب والطرق والنظريات العلمية المتخصصة في التعامل مع المشكلات من حيث تشخيصها ودراسة أسبابها ، وطرق علاجها ، والتي يقوم بها المتخصصون في مجال التوجيه والإرشاد .

ميادين التوجيه والإرشاد

اولاً / التوجيه والإرشاد الديني والأخلاقي :

ويهدف إلى تكثيف الجهود الرامية إلى تنمية القيم والمبادئ الإسلامية لدى الطلاب واستثمار الوسائل والطرق العلمية المناسبة لتوظيف وتأصيل تلك المبادئ والأخلاق الإسلامية وترجمتها إلى ممارسات سلوكية تظهر في جميع تصرفات الطالب .

ثانياً / التوجيه ولإرشاد التربوي :

يهدف إلى مساعدة الطالب في رسم وتحديد خططه وبرامجه التربوية والتعليمية التي تتناسب مع إمكاناته واستعداداته وقدراته واهتماماته وأهدافه وطموحاته والتعامل مع المشكلات الدراسية التي قد تعترضه مثل التأخر الدراسي وبطء التعلم وصعوباته ، بحيث يسعى المرشد إلى تقديم الخدمات الإرشادية المناسبة والرعاية التربوية الجيدة للطلاب .

ثالثاً / التوجيه والإرشاد الاجتماعي :

يهتم هذا الميدان بالنمو والتنشئة الاجتماعية السليمة للطالب وعلاقته بالمجتمع ومساعدته على تحقيق التوافق مع نفسه ومع الآخرين في الأسرة والمدرسة والبيئة الاجتماعية .

رابعاً / التوجيه والإرشاد النفسي :

يهدف إلى تقديم المساعدة النفسية اللازمة للطلاب وخصوصاً ذوي الحالات الخاصة ،
من خلال الرعاية النفسية المباشرة والتي تتركز على فهم شخصية الطالب وقدراته واستعداداته
وميوله وتبصيره بمرحلة النمو التي يمر بها ومتطلباتها النفسية والجسمية والاجتماعية
ومساعدته على التغلب على حل مشكلاته .

خامساً / التوجيه والإرشاد الوقائي :

يهدف إلى توعية وتبصير الطلاب ووقايتهم من الوقوع في بعض المشكلات سواءً كانت
صحية أو نفسية أو اجتماعية و التي قد تترتب على بعض الممارسات السلبية ، والعمل على
إزالة أسبابها ، وتدريب الطالب وتنمية قناعته الذاتية ، والحفاظ على مقوماته الدينية
والخلقية والشخصية .

سادساً / التوجيه والإرشاد التعليمي والمهني :

هو عملية مساعدة الطالب على اختيار المجال العلمي والعملي الذي يتناسب مع
طاقاته واستعداداته وقدراته وموازنتها بطموحاته ورغباته لتحقيق أهداف سليمة وواقعية .

ويهدف إلى تحقيق التكيف التربوي للطالب وتبصير الطالب بالفرص التعليمية والمهنية
المتاحة واحتياج المجتمع في ضوء خطط التنمية التي تضعها الدولة وتكوين اتجاهات إيجابية
نحو بعض المهن والأعمال وإثارة اهتماماتهم بالمجالات العلمية والتقنية والفنية ومساعدتهم
على تحقيق أعلى درجات التوافق النفسي والتربوي مع بيئاتهم ومجالاتهم التعليمية والعملية
التي يلتحقون بها .

مهام و واجبات بعض العاملين في مجال التوجيه والإرشاد التربوي

مهام المرشد الطلابي :

١- تبصير المجتمع المدرسي بأهداف التوجيه والإرشاد وخططه وبرامجه وخدماته وبناء علاقات مهنية مثمرة مع منسوبي المدرسة جمعيهم ومع أولياء أمور الطلاب.

٢- إعداد الخطط العامة السنوية لبرامج التوجيه والإرشاد في ضوء التعليمات المنظمة لذلك واعتمادها من مدير المدرسة.

٣- تنفيذ برامج التوجيه والإرشاد وخدماته الإنمائية والوقائية والعلاجية.

٤- تعبئة السجل الشامل للطالب والمحافظة على سريته وتنظيم الملفات والسجلات الخاصة بالتوجيه والإرشاد.

٥- بحث حالات الطلاب التحصيلية والسلوكية، وتقديم الخدمات الإرشادية التي من شأنها تحقيق أهداف المرحلة التعليمية.

٦- متابعة مذكرة الواجبات اليومية وفق خطة زمنية وتفعيلها والعمل على ما يحقق الأهداف المرجوة منها.

٧- رعاية الطلاب الموهوبين والمتفوقين دراسيا وتشجيعهم وتوجيههم ومنحهم الحوافز والمكافآت وتقديم برامج إضافية لهم .

٨- متابعة الطلاب المتأخرين دراسيا ودراسة أسباب تأخرهم وعلاجها واتخاذ الخطوات اللازمة للارتقاء بمستوياتهم.

٩- تحري الأحوال الأسرية للتلاميذ وخاصة الاقتصادية منها، ومساعدة المحتاجين منهم عن طريق الصندوق المدرسي.

١٠- دراسة الحالات الفردية للطلاب الذين تظهر عليهم بوادر سلبية في السلوك، وتفهم مشكلاتهم، وتقديم التوجيه والنصح لهم حسب حالتهم.

١١- عقد لقاءات فردية مع أولياء أمور الطلاب الذين تظهر على أبنائهم بوادر سلبية في السلوك أو عدم التكيف مع الجو المدرسي لاستطلاع آرائهم والتعاون معهم وبحث المشكلات الأسرية ذات الأثر في أحوال أولئك الطلاب .

١٢- إعداد تقارير دورية عن مستويات الطلاب العلمية والتربوية وتقديمها لمدير المدرسة .

١٣- إجراء البحوث والدراسات التربوية التي يتطلبها عمل المرشد .

مهام مدير المدرسة في مجال التوجيه والإرشاد التربوي:

١- تهيئة البيئة والظروف المناسبة التي تساعد في تحقيق رعاية الطلاب وحل مشكلاتهم الفردية والجماعية ورعاية قدراتهم وميولهم وتحقيق حاجاتهم وتحقيق النمو المناسب للمرحلة التالية لمرحلتهم الدراسية .

٢- تيسير الإمكانات والوسائل المعينة في تطبيق برامج وخدمات التوجيه والإرشاد داخل المدرسة والاستفادة من الكفاءات المتوفرة لدى المعلمين أو رواد الفصول أو أولياء أمور الطلاب.

٣- تهيئة الظروف لعمل المرشد الطلابي ومساعدته على تجاوز العقبات وحل المشكلات التي قد تعترض مجال عمله وعدم تكليفه بأعمال إدارية تعيقة عن أداء عمله كمرشد طلابي

٤- رئاسة لجنة التوجيه والإرشاد بالمدرسة وغيرها من اللجان والمجالس وتوزيع العمل على الأعضاء ومتبعة تنفيذ التوصيات التي تصدر عن اجتماعاتها .

٥-تبصير المعلمين بدور المرشد الطلابي داخل المدرسة وحثهم على التعاون الإيجابي معه للتعامل مع مشكلات الطلاب وأحوالهم المختلفة .

٦-متابعة تطبيق خطة التوجيه والإرشاد ميدانياً بالمدرسة والمساهمة في تقويم عمل المرشد الطلابي بالتعاون مع مشرف التوجيه والإرشاد في المديرية أو الوزارة أو الجامعة.

٧- المشاركة المباشرة في بعض الخدمات الإرشادية مثل عقد اللقاءات أو المحاضرات أو كتابة المقالات الإرشادية والتربوية أو المشاركة في الرحلات والزيارات المدرسية وما إلى ذلك من خدمات إرشادية .

٨- حث المعلمين على أهمية رعاية الطلاب من خلال التعامل مع المواقف والمشكلات اليومية التي تواجه الطلاب قبل تحويلهم للمرشد الطلابي بحيث لا يحول له إلا الطلاب الذين يعانون من المشكلات التي تحتاج إلى رعاية خاصة.

مهام المعلم في التوجيه والإرشاد :

١ - تفهم دور التوجيه والإرشاد في المدرسة والإسهام في التعريف بخدماته وبرامجه وتشجيعهم على الاستفادة من هذه الخدمات في تحسين أداء طلابهم

٢- تهيئة المناخ النفسي والصحي في الفصل والمدرسة بصفة عامة بما يسهم في نمو الطلاب ويؤدي إلى التوافق النفسي المطلوب .

٣- تطويع المواد الدراسية في مجال التوجيه والإرشاد وربط الجوانب العلمية بالجوانب التربوية بما يؤدي إلى تكامل التربية والتعليم بما ينمي شخصية الطالب ويسهم في تكاملها .

٤- إبداء المقترحات المناسبة لتطوير خدمات التوجيه والإرشاد من خلال التعاون مع المرشد الطلابي وأعضاء لجنتي التوجيه والإرشاد ورعاية السلوك.

٥- دعم وتوثيق العلاقة بين البيت والمدرسة عن طريق المشاركة الفعالة في اجتماعات الجمعية العمومية ومجلس المدرسة وغيرها من اللقاءات .

٦- مساعدة المرشد الطلابي على اكتشاف الحالات الخاصة التي تحتاج إلى تدخله ومتابعته لها

٧- مساعدة المرشد الطلابي في رعاية الطلاب الذين يحتاجون إلى متابعة .

٨- تعزيز الجانب السلوكي الإيجابي عند الطلاب ، والحد من الجوانب السلبية قدر الإمكان .

٩- التعاون مع المرشد الطلابي في تنفيذ بعض البرامج العلاجية المقترحة لعلاج بعض المشكلات الدراسية أو الاجتماعية أو النفسية التي تعترض بعض الطلاب .

١٠-التعامل مع المواقف اليومية داخل الفصل وخارجه وألا يحول للمرشد الطلابي إلا المواقف المتكررة .

١١- استغلال حصص النشاط أو الريادة في تقديم بعض الخدمات الإرشادية للطلاب حسب الحاجة .

١٢- تزويد المرشد الطلابي بالمرئيات والمقترحات حـول الموهـوبين والمتفـوقين والمتأخرين دراسياً الخ.

١٣- المساهمة في توفير المعلومات اللازمة للسجل الشامل عن طلاب الصف الذي يقوم بريادته

مهام مسؤول النشاطات المدرسية :

١- التعاون مع المرشد الطلابي في تقديم بعض الخدمات الإرشادية لبعض الطلاب حسب الحاجة الإرشادية.

٢- اكتشاف الطلاب الموهوبين ورعايتهم في المجالات المختلفة عن طريق تنمية مواهبهم .

٣- تقديم بعض الخدمات الإرشادية في تعديل السلوك .

٤- إشراك الطلاب متوسطي التحصيل ، أو الـذين يلحـظ عليـهم قصـور في أدائهـم الـدراسي في المسابقات الثقافية ذات العلاقة بالمواد الدراسية.

٥- تزويد المرشد الطلابي بالملاحظات والمرئيات حول سلوك الطلاب من خلال ممارستهم للنشاط المدرسي بأنواعه المختلفة.

٦- العمل على ربط المدرسة باحتياجات المجتمع المحلي والإسهام في تطويره.

مهام ولي الأمر :

١- متابعة أبنائه في المدرسة من خلال زيارته لها للتعرف على أدائهم دراسياً وسلوكياً.

٢- المشاركة في عضوية مجلس المدرسة وحضور اجتماعاتها واجتماعات الجمعية العمومية لأولياء أمور الطلاب والمعلمين.

٣- متابعة مذكرة الوجبات المنزلية، من خلال ملاحظات المعلمين والمرشد الطلابي في هذه المذكرة ، وتسجيل مرئياته وملاحظاته فيها.

٤- إشعار المدرسة بأي مشكلة تواجه الأبناء سواء أكان ذلك عن طريق الكتابة أم المشافهة والتعاون مع المرشد الطلابي على التعامل معها بطريقة تربوية ملائمة.

٥- إعطاء المعلومات اللازمة عن الأبناء الذين يحتاجون لرعاية خاصة والتعاون مع المرشد الطلابي في انتهاج الأساليب الإرشادية والتربوية لمساعدتهم على التوافق السليم.

٦- الاستجابة لدعوة المدرسة وتشريف المناسبات التي تدعو إليها، كالندوات والمحاضرات والجمعيات والمجالس والمعارض والحفلات المسرحية والمهرجانات الرياضية المختلفة.

٧- إبداء أولياء الأمور لمرئياتهم وملاحظاتهم حول تطوير الأداء المدرسي، والإسهام في تحسين البيئة المدرسية بما يتوافق مع نظرتهم وتطلعاتهم المستقبلية.

٨- التعاون مع المدرسة في توعية أولياء أمور الطلاب الآخرين بالدور الذي تقوم به المدرسة في تربية وتعليم أبنائهم.

المجالس واللجان الإرشادية

للتوجيه والإرشاد بعض المجالس واللجان والجماعات الخاصة بخدماته وبرامجه والتي تساهم بشكل واضح في دفع مسيرة التوجيه إلى التقدم والرقي ، ويمكن تنفيذها على مستوى إدارة التعليم وبعضها على مستوى المدرسة ، ومن هذه اللجان ما يلي :

١. قسم التوجيه والإرشاد على مستوى إدارة التعليم .

٢. لجنة التوجيه والإرشاد بالمدرسة .

٣. مجلس الأباء والأمهات (مجلس أولياء الأمور)

٣. مجلس المدرسة .

٤. لجنة رعاية السلوك بالمدرسة .

٥. جماعة التوجيه والإرشاد (طلاب) .

٦. الجماعة المهنية (طلاب) .

قسم التوجيه والإرشاد على مستوى إدارة التعليم :

وتتمثل مهامه في :

١. توفير خدمات التوجيه والإرشاد في جميع المدارس وتحسينها وتطويرها من خلال عقد الدورات المتخصصة والمهنية للمرشدين والمرشدات العاملين في الميدان.

٢. تحديد المشكلات التي ينبغي دراستها .

٣. الإشراف على تقويم برامج التوجيه والإرشاد في المدارس.

٤. الإطلاع على خطة التوجيه والإرشاد ومتابعة تنفيذها ميدانياً.

٥. توعية أولياء الأمور بشكل خاص والمجتمع بشكل عام ؛ بأهمية برامج التوجيه والإرشاد.

٦. الاتصال بالجهات المعنية في الوزارة لاطلاعها على سير العمل في التوجيه والإرشاد،وإبلاغها بالمشكلات التي تعترض التنفيذ واقتراح الحلول .

٧. الإشراف على تنفيذ خطط الوزارة وتوجيهاتها المتعلقة بخدمات وبرامج التوجيه والإرشاد.

٨. عمل الدراسات والأبحاث المتعلقة بمجال التوجيه والإرشاد على مستوى المديرية

لجنة التوجيه والإرشاد بالمدرسة :

١. إعداد خطط لبرامج التوجيه والإرشاد في المدرسة وفقاً لخطة إدارة التعليم.

٢. المتابعة والتقويم لهذه البرامج والعمل على تطويرها وتنميتها.

٣. العمل على توثيق العلاقة بين البيت والمدرسة.

٤. متابعة ورعاية المستوى التحصيلي للطلاب.

٥. اقتراح الأفكار البناءة التي تساعد على نمو العمل المدرسي.

٦. المصادقة على التقرير الختامي لبرامج التوجيه والإرشاد بالمدرسة.

مجلس أولياء الأمور :

١. توثيق العلاقة بين البيت والمدرسة ، عن طريق الاجتماعات واللقاءات الدورية والمشاركة في نشاطات المدرسة ومعالجة بعض المشكلات التربوية.

٢. عقد الاجتماع في نهاية الشهر الأول من بدء العام الدراسي ،ويحضره الآباء والمعلمون .

٣. يتم اختيار أعضاء منهم في مجلس المدرسة ، وتعقد اجتماعات دورية في كل شهر لأعضاء المجلس ، لمناقشة المواضيع التي تهم البيت والمدرسة.

مجلس المدرسة :

١. تقدير أوجه الإبداع والتميز ورعايتها وتشجيعها.

٢. مناقشة المستوى التحصيلي للطلاب.

٣. تقديم المشورة لإدارة المدرسة والتعاون معها على رعاية سلوك الطلاب.

٤. دراسة احتياجات المدرسة من الأثاث والتجهيزات والوسائل والمرافق، وبحث كيفية الحصول عليها.

٥. بحث الوضع العام للمدرسة ، وما قد يكون لها من خصوصية تتطلب الدراسة والتحليل وتقديم المشورة بشأنها.

٦. دراسة الموضوعات التعليمية والأمور التربوية ذات الصلة بالمهام المنوطة بالمدرسة.

٧. تقديم التوصيات والمقترحات الهادفة إلى تطوير العمل التربوي والتعليمي بصفة عامة.

٨. مخاطبة إدارة التعليم بشأن المشكلات التي يجد المجلس صعوبة في حلها ، أو تخرج عن نطاق اختصاصه .

٩. يعقد المجلس اجتماعين على الأقل كل فصل دراسي.

لجنة رعاية السلوك :

١. حصر ودراسة بعض ظواهر السلوك في المدرسة،والتي تحدث من بعض الطلاب.

٢. الاجتماع بالطلاب ذوي السلوك غير المرغوب فيه كالتدخين وإطالة الشعر.

٣. تعزيز السلوكيات المرغوب فيها في المدرسة ، كتكريم الطلاب المثاليين مـن ذوي السـلوكيات الحسنة.

٤. غرس القيم الأخلاقية النابعة من تعاليم ديننا الإسـلامي الحنيف،بمختلـف الوسـائل المتـوفرة بالمدرسة.

لجنة التوجيه والإرشاد :

تتكون الجماعة بواقع طالب من كل فصل، ويترأسها أحـد الطـلاب، ويرشـح نائبـاً لـه ،وتعقـد اجتماعاتها أسـبوعياً ،وتـتلخص مهمتها في مسـاعدة المرشد الطـلابي في تنفيـذ بعـض البـرامج والخدمات الإرشادية في المدرسة .

الجماعة المهنية :

تتكون من مجموعة من الطلاب ،ويقوم برئاستها أحد طلاب الصفوف النهائية ، ويعين نائباً له ومقرراً ، وتتلخص مهمتها في نشر الثقافة المهنية بين الطلاب من خلال قنوات متعددة من الأنشطة.

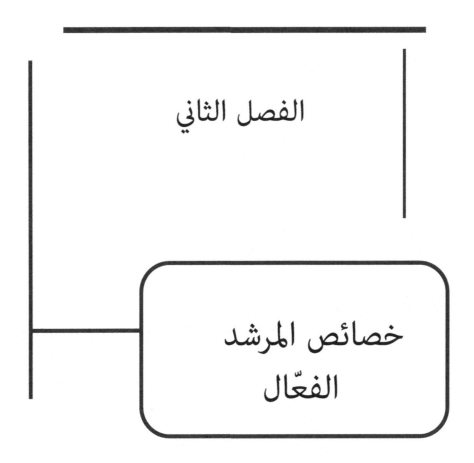

الفصل الثاني

خصائص المرشد الفعّال

خصائص المرشد الفعّال

الشخصية الإرشادية:

الشخصية الإرشادية هي شخصية المسئول (بصفة عامة) في التوجيه والإرشاد ، والتي يجب وضعها في الحساب في اختيار واعداد وتدريب واشراك المسئولين عن التوجيه والإرشاد.

إن العمل الإرشادي ينتمي إلى المهن المساعدة (Helpin Professions)، حيث تتطلب هذه المهن من القائم بها أن يضع شخصه داخل هذا العمل على أن يكون مستعداً للعطاء والتحمل والصبر والمثابرة دون كلل أم ملل، وهذا يتطلب أن يتمتع الشخص القائم على تقديم الخدمات الإرشادية أن يتحلى ببعض الصفات والمهارات والفنيات الخاصة التي يجد المؤلف ضرورة توفرها في المرشد ، وفيما يلي بعض تلك الخصائص.

١ – الأمانة :

إن كلمة الأمانة ذات معنى واسع فهي مشتقة من الأمـن والطمأنينـة، فالمسترشـد يـأتي وهو يحمل في داخله مشكلة ما أو حاجة وهذه الحاجة أو تلك المشكلة جاءت بسبب ظروف خاصة به ، فقد تتعلق بظروف عائلية أو بيئية، وبجميع الأحوال فالمرشد يحتاج إلى معلومـات حول مشكلة المسترشد والظروف التي تسببت فيهـا أو التي تسـاعد علـى استمراريتها ، هـذه المعلومات تمثل جانباً خاصاً بالمسترشد لذلك يجب على المرشد أن يصون تلك المعلومـات التـي يحصل عليها من المسترشـد ، ومـن هنا يتبـين أهميـة صفة الأمانـة لـدى المرشـد فهـي تـرتبط

بشكل وثيق بأحد المبادئ الأساسية الجوهرية في العملية الإرشادية وهو مبدأ السـرية، وتتحقـق الأمانه لدى المرشد من خلال:

- أن يحافظ المرشد على المسترشد وأن يصونه من كل ما يضره

- أن يحافظ المرشد على أسرار المسترشد و لا يفشي أي منها

- أن يقدم المرشد المعلومات الدقيقة والصادقة لمسترشد لكل المواقف التي يحتاج فيها إلى هـذه المعلومات لتصحيح موقف أو تخطي مشكلة ما.

- أن يبتعد المرشد عن مجاملة الآخرين على حساب المسترشد

- كما تقتضي الأمانة من المرشد أن يلتزم بأخلاقيات أو بالدستور الأخلاقي للعمل الإرشادي

٢ - الأصالة (التطابق)

بمعنى أن يكون الفرد أصيلاً مع نفسه بظاهره وباطنه أي أن يكون المرشد متطابقاً بـين أقواله وأفعاله ، وتعد الأصالة صفة لازمة للصحة النفسية وهي كـذلك صفة لازمـة للمرشد في عمله أيضاً ، فالمسترشد يسمع من المرشد القول ويرى منه الفعـل لـذا وجب أن تكون أقوال المرشد متناغمة مع أفعاله فليس من المنطق أن ينهى المرشد المسترشد أن يكـف عـن سـلوك مـا وهو يقوم به فهذا يؤثر سلباً على مصداقية العمل الإرشادي و يؤثر كذلك على الثقة التي يوليها المسترشد للمرشد.

٣- الطاقة: (القدرة على التحمل)

إن طبيعة العمل الإرشادي تتطلب من المرشد أن يستجيب للمسترشد بكافة الجوانب البدنية والمعرفية والانفعالية ، فهو يسمع ويحلل كل ما يحدث مع

المسترشد، كذلك على المرشد أن يسعى إلى البحث عن الأفراد الـذين هـم بحاجـة إلى خدمات الإرشاد وعليه أن يتواصل مع الأهل والمعلمين ، ، هذا يتطلب منه بـذل مجهود لا يستهان بـه الأمر الذي يتطلب منه طاقة وقدرة على التحمل.

٤- المرونة :

والمرونة عكس الجمود فالمرشد الجيـد هـو مـن يـتحلى بالمرونة فلا يكون جامداً في تعامله بل يراعي الفروق الفردية بـين الأفراد إذ أن الأفراد يتباينون فيما بينهم والمرشد هـو الشخص القادر على فهم تلك الفروق الفردية، و التعامل معها فلا يكون المرشد مرناً إن تعامل بطريقة أو اتبع أسلوباً محدداً في التعامل مع المشكلات المختلفة، وتشمل المرونة

أ- المرونة العملية :

وتعني استخدام المرشد للعديد من الأساليب الإرشـادية والطـرق في تقـديم الخدمات الإرشادية، كما تشمل المرونة العملية التنويع في قطاعات العمل الإرشادي فلا يجب أن يقتصر ـ العمل الإرشادي على مجال محدود كالمجال العلاجي فقط بل هنـاك مجالات أخـرى كـالنمائي والوقائي.

ب- المرونة الذهنية :

ويقصد بها قدرة المرشد على أن استيعاب الفروق بين الأفراد وتفهـم وجهـات نظرهم، والقدرة على تفهم الأفكار الخاصة بالمسترشدين علـى الـرغم مـن اختلافهـا، وهـذا يتطلب مـن المرشد أن يكون واسع الإطلاع و أن يتحلى بالمرونة الفكرية، وتعتبر المرونة الذهنية صفة هامـة للمرشد الجيد فهذا ما يسمح له بأن يبدع في عمله وينوع في خدماته.

ولايمكن الفصـل بـين المرونة الذهنيـة والمرونة العمليـة فكلاهـما مـتمم للآخـر فيتـأثر أحدهما بالآخر فالمرونة الذهنية تفرض على المرشد أفكاراً جديدة ولكنها تتطلب منه القيام بالعمل على تنفيذها ، وكذلك الحال بالنسبة للمرونة العملية التي تكشف للمرشد عـن مـدى جودة أفكارة كما أن القيام بالعمل الإرشادي يفسح المجال أمام المرشد لاكتشاف أفكاراً جديـدة في ميدان عمله.

٥- التعاطف: المساندة والتراحم (Empathy)

يعتبر التعاطف شكل من أشكال الكفايات الاجتماعية، وحديثاً يشار إلى مفهوم الـذكاء الإنفعالي (Emotinal Intelligence) والـذي يعـرف بأنـه القـدرة علـى معالجـة المعلومـات الإنفعالية بما تتضمنه تلك المعالجة من ادراك واستيعاب وفهـم وإدارة، وهـذه القـدرة تتضمن مجالين أساسيين هما:

١ - الكفاية الشخصية: Personal Competence

و تشمل أبعاداً من مثل (الوعي بالذات ، الثقة بـالنفس ، التنظيـم الـذاتي، الـتحكم الـذاتي ، النزاهة ، الضمير ، الدافعية الانفعالية، والتكيف، والمرونة، و الالتزام، والمبادرة والابتكار)

٢ - الكفاية الاجتماعية: Social Competence

وتشمل جانبين أساسيين هما:

أ- المهارات الإجتماعية: وتتضمن

- التأثير في الآخر

- التواصل مع الآخر

- إدارة النزاعات

- القيادة واستقطاب التغيير

- بناء الروابط

- التعاون والتنسيق

- قابليات الفريق

ب - التعاطف :

أي الوعي بمشاعر الآخرين وحاجاتهم واهتماماتهم ويتضمن التعاطف:

- فهم الآخرين (الإحساس بمشاعر الآخرين وآرائهم)

- تطور الآخرين (الإحساس بحاجات الآخرين للتطور)

- التوجه للخدمة (فهم وتوقع وإدراك حاجات الآخرين وتلبيتها)

- التنوع المؤثر (تشجيع الفرص بين الأفراد)

- الوعي السياسي (قراءة ميول الجماعات الإنفعالية)

وللتعاطف وظائف عديدة في العلاقة الإرشادية وهذه الوظائف تتمثل في زرع الأمل، و التقليل من حدة التوتر والقلق، وسيادة الأمن الإنفعالي.

وبشكل عام تشير أدبيات الإرشاد النفسي والتربوي إلى أهم سمات وملامح الشخصية الارشادية يمكن إجمالها بما يلي:

- المظهر العام اللائق.

- الذكاء العام وسرعة البديهـة والقـدرة الابتكاريـة والتفكـير المنطقـي والتفكـير الحـر والحكمـة والحكم السليم.

- سعة الاطلاع والثقافة العامة وحب الاستطلاع والرغبة في التعلم والنمو العلمي والمهني.

- تنوع الخبرات.

- القدرة على قراءة وفهم وتفسير ما بين السطور بحرص دون اسقاط او شطط.

- القدرة على فهم الاخرين.

- القدرة على التصرف في المواقف المختلفة.

- التسامح والمرونة العقلية المعرفية.

- الاهتمام بالاخرين وحب خدمتهم ومساعدتهم.

- حسن الاصغاء والمودة والصداقة واحترام الاخرين.

- النضج الاجتماعي والفلسفة السـليمة في الحيـاة والتحـرر مـن التعصـب الاجتماعـي والـديني والسياسي.

- القدرة على التعاون مع الاخرين.

- الذكاء الإنفعالي

- النضج الانفعالي والقدرة على المشاركة الانفعالية والتعاطف في اطار مهني فني.

- الاهتمام بالتوجيه والارشاد والعلوم والميادين المتصلة به.

- الثقة بالنفس.

- اعتبار وفهم الذات.

- القدرة على تحمل المسئولية والقيادة والمقدرة على التعاون.

- الاهتمام بمشكلة العميل.

- الاخلاص في العمل.

- الجدية وبذل اقصى جهد.

- الصبر والمثابرة.

- الامل والتفاؤل.

- التوافق النفسي والصحة النفسية.

الاعداد العلمي للشخصية الارشادية

يتطلب الاعداد العلمي للشخصية الارشادية الاعداد لاكتساب المهارات الهامة المطلوبة للعاملين في التوجيه والارشاد مثل المهارة في استخدام وسـائل الارشـاد عـلى اخـتلاف انواعهـا وفي اقامة العلاقة الارشادية، وفي دراسة الحالـة وفي اسـتخدام كافـة مصـادر البيئـة في الارشـاد، وفي استخدام وسائل تقييم برنامج الارشاد، والمهارة في النواحي الادارية.

كذلك يجب أن تتنوع الخبرات بالنسبة للمسؤولين عن التوجيه والارشاد. ويوضح هذا مطالبة المرشد بخبرات في التدريس ومطالبة المدرس بخبرات في الارشاد . هذا بالاضافة الى تنـوع الخبرات في الحياة اليومية . ويجـب ان يـولى التـدريب العلمـي الميـداني تحـت الاشراف اهميـة كبرى، ويشمل ذلك التدريب على وسـائل الارشـاد وطرقـه في مجلاتـه المتنوعـة. ويتضـمن ذلك دراسة مساقات متخصصة من مثل:

- الصحة النفسية
- علم النفس العلاجي والعلاج النفسي وسيكولوجية التوافق
- علم النفس العام
- علم النفس التربوي
- علم نفس النمو
- علم النفس الفارق
- علم النفس الفسيولوجي
- علم النفس الاجتماعي والعلاقات الانسانية وسيكولوجية الشخصية
- علم نفس الشواذ

- علم النفس الاداري

- علم الاجتماع وخدمة الفرد والجماعة وعلم الانسان

- التربية والمناهج والادارة،

- مناهج البحث والاحصاء

- القياس التربوي والنفسي.

وهناك علوم اخرى هامة ويجب الالمام بها مثل الاقتصـاد والقـانون والفقـه والطـب.
ويجب الالمام بعـادات وتقاليـد وقيم المجتمـع والثقافـة العامـة. هـذا بالاضـافة الى المعلومـات
العامة السليمة والثقافة الواسعة، إضافة إلى ضرورة تزويد المرشـد بخـبرات العمـل الميـداني مـن
خلال تلقيه بفرص التدريب الميداني العملي.

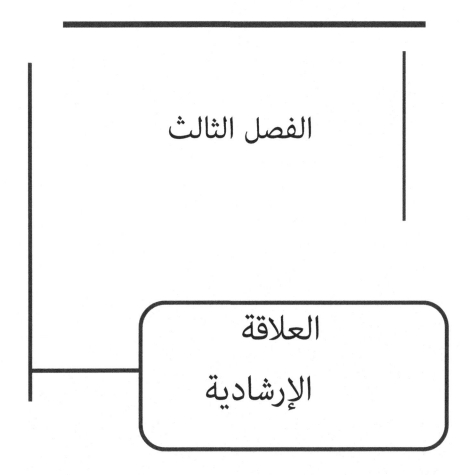

الفصل الثالث

العلاقة الإرشادية

العلاقة الإرشادية

مفهوم العلاقة الإرشادية:

يرى العالم روجرز أن العملية الإرشادية هـي في المحصـلة علاقة إرشادية فإن كانت العلاقة في الإرشاد علاقة ناجحة كانت العملية كلها ناجحة والعكس صحيح، فالعلاقة الإرشادية لها موقع متميز في العملية الإرشادية ، فالمرشـد لـكي يقـوم بخدمـة المسترشـد الـذي يـأتي وهو بحاجة إلى مساعدة لابد وأن يزود المرشد بالمعلومات حول تلك المشـكلة وهنا يتبـين أن العمـل الإرشادي يتسم بوجود الجانب الشخصي أوالخصوصي ، ولكي يحصل المرشد على تلك المعلومـات الخاصة بمشكلة المسترشد سواءً ما كان منها في الماضي او الحاضر او المستقبل لابـد لـه مـن بناء علاقة ثقة بالمسترشد ليمده بالمعلومات التي تضع المرشد في تصور واضح للمشكلة.

وتمثل العلاقة الإرشادية الجانب الفني في العمل الإرشادي فمـن خلالهـا يـتم توظيـف معظم فنيات العمل الإرشادي ، كما أنه في إطار العلاقة الإرشادية يمكن للمرشـد عـلى استظهار مشكلاته والتعبير عن مشاعره ، وأن يساعده على الحكم على سلوكه والتعامـل مـع خبراتـه وأن يسهم بإيجابية في حل مشكلته بعد التعرف على أسـبابها ومصـادرها ، وأن يـتعلم أسـلوب حـل المشكلات وكيفية اتخاذ القرارات السليمة.

ويعرف كل من بيبنسكي و بيبنسكي العلاقة الإرشادية بأنها " مفهـوم فـرضي يـدل عـلى الصورة المستنتجة من التفاعل المشاهد بين فردين "

ويرى شيرتز و ستون العلاقة الإرشادية عـلى أنهـا " محاولـة الإسـهام في تيسـير طريـق إيجابي بين طرفين من خلال التفاعل بينهما"

أما العالم كارل روجرز فيعرف العلاقة الإرشادية بأنها " علاقة فيها على الأقل من الأطراف من لديه القصد في النهوض بنمو وتطور ونضج الأداء الأفضل والمواجهة الأفضل مع الحياة للطرف الآخر"

ويمكن تعريف العلاقة بأنها موقف اجتماعي تفاعلي منظم ومخطط له بين طرفين يقصد منه التطور والنمو والسير في الإتجاه الإيجابي في نواحي مختلفة لدى أحد الطرفين.

ويمكن أيضاً تعريف العلاقة الإرشادية بأنها علاقة مهنية تفاعلية بين طرفين أحدهما المرشد والآخر المسترشد تهدف إلى تحقيق أهداف نمائية أو وقائية أو علاجية.

خصائص العلاقة الإرشادية:

تتصف العلاقة الإرشادية ببعض الخصائص ومنها :

١ - التركيز على الجانب الوجداني

فالعلاقة الإرشادية علاقة تتسم بأنها تسمح في استكشاف الجانب العاطفي ، فالعلاقة الإرشادية تهتم باستكشاف المشاعر والمدركات الشخصية ، كما أنها تحتوي على جانب شخصي كبير للمسترشد فمن خلال المواجهة التي تحدث في العلاقة الإرشادية يتم إحداث المناقشات والأحاديث التي قد يتولد عنها حدوث التوتر أو القلق أو الفرح أو الخوف.

العلاقة الإرشادية

٢- التركيز والتكثيف:

لأن العلاقة تقوم على أساس الاتصال المنفتح والمباشر والصريح فإنها تصبح مركزة ، فالمرشد والمسترشد يتوقع منهما أن يشتركا بصراحة في إدراكاتهما وردود أفعالهما كل تجاه الآخر وتجاه العملية الإرشادية وهذا كله يترتب عليه الإتصال المكثف والمركز .

٣- الدينامية:

إن العلاقة الإرشادية دائمة النمو والتغير وهي بأستمرار في نمو مطرد بين المرشد والمسترشد، فالأخر ينمو ويتغير ويتطور من خلال ما يتعلمه من العلاقة الإرشادية وهي تأخذ مسير الإتجاه الايجابي في سيرها فبعد أن كان المسترشد في حالة من القلق والتوتر يصبح مع استمرارية العلاقة أكثر فهماً وإدراكاً وتبصراً بمشكلاته، إن الدينامية في العلاقة الإرشادية تشمل المرشد والمسترشد والعملية الإرشادية بالعموم.

٤- السرية: (Privacy)

وتعني هذا الخاصية أن العلاقة الإرشادية ليست علاقة عابرة أو علاقة إجتماعية سطحية بل يتخللها معلومات سرية خاصة بالمسترشد و أحواله وأسباب مشكلته كما أنها تتضمن معلومات حول خصائص المسترشد وفيها أيضاً تتكشف نقاط الضعف لدى المسترشد لذلك فهي علاقة مهنية لها خصوصيتها يجب الحرص على صونها والحفاظ علي سريتها، وهي تتصل بصفة من أهم الصفات الواجب توفرها في المرشد الجيد وهي صفة الأمانة وقد سبق الحديث عنها (راجع الفصل الثاني)

٥- القيمة العلاجية:

إن أحد أهداف علم الإرشاد العلاج ، ومن هنا ونظراً لأهمية العلاقة الإرشادية في العمل الإرشادي فهي تمثل الوسيلة التي يمكن من خلالها تحقيق الهدف العلاجي في الإرشاد وتكمن القيمة العلاجية للعلاقة الإرشادية في أنها:

- تمثل صورة مصغرة عن العالم الخاص بالمسترشد
- تعكس الأنماط الخاصة بعلاقة المسترشد بالآخرين
- توفر بيئة غنية للكشف عن أنماط الإتصال غير اللفظي لدى المرشد والمسترشد
- تسمح بإمكانية تغيير أنماط الإتصال غير الفعال.

ويمكن تحقيق القيمة العلاجية للعلاقة الإرشادية من خلال التركيز على ركنين أساسيين هما:

أ- الثقة : (Trust)

تعتبر الثقة مطلباً أساسياً لإعداد المناخ العلاجي في العلاقة الإرشادية، فعادة ما يأتي المسترشد إلى المرشد وهو قلق ومتوتر بشأن سرية مشكلته، فهذه الخبرة تمثل له في البداية مخاطرة إنفعالية فإن تشكل لدى المسترشد إنطباعاً بأن المرشد شخص محل للثقة والحفاظ على سرية المعلومات وخصوصية الحالة فإنه سيستمر بهذه المخاطرة ويكمل الطريق في علاقته مع المرشد، ويجب على المرشد أن يحصل على ثقة المسترشد وذلك من خلال بث روح الأمل والطمأنينة في نفس المسترشد ويتم ذلك من خلال التطابق والأصالة والتفهم القائم على المشاركة والتقبل غير المشروط والتعبير الدقيق عن المشاعر والمدركات والإستجابة لأنماط الإتصال غير اللفظية الصادرة عن المسترشد كما عليه أن يركز على إظهار أنماط الإتصال غير لفظية الفعالة والصادقة وأن يضمن فهمها

من قبل المسترشد وأنها حققت الهدف المرجو منها، كما يعمل الإصغاء الجيد للمسترشد على زيادة كسب ثقة المسترشد.

ب- التقبل : (Acceptance)

إن العلاقة الإرشادية الإيجابية والفعالة تقوم على اتجاه من قبل المرشد على تقبل المسترشد وذلك بأن يكون المرشد مصغياً لمشكلة المسترشد ومقدراً له وذلك دون القيام بإصدار أحكاماً تقويمية عليها.

إن تقبل المرشد للمسترشد ينبع أولاً من تقلبه للعمل الإرشادي وثانياً من نظرته للمسترشد على أنه إنسان له كرامته بعيداً عن محتوى السلوك لديه أو أفكاره، فإظهار الإحترام للمسترشد بأعتباره شخص له قيمته يشجع المسترشد على تقبل المرشد وبالتالي العلاقة الإرشادية معه.

ويجب التنويه إلى قضية هامة وهي أن التقبل لا يعني الموافقة والإقرار بما يقوم به المسترشد من سلوكات، فالقاعدة الأساسية في العمل الإرشادي في هذا المجال هي أن التقبل في العلاقة الإرشادية هو تقبل غير مشروط (**Unconditoned Acceptance**) أي أن التقبل للمسترشد كأنسان له كرامة وقيمة ولكن الرفض يكون للسلوكات غير المقبولة أو الأفكار غير المنطقية لدى المسترشد.

٦- الانفتاحية: (Opening)

تأتي خاصية الإنفتاحية من خلال مايحدث داخل العلاقة الإرشادية من تبادل للمعرفة والمعلومات بشكل ينفتح كل من المرشد والمسترشد على بعضهما البعض فكلاهما يتقبل الآخر وبالتالي ستكون العلاقة بينهما إنفتاح وصراحة في تبادل المعلومات، فالمرشد المنفتح مثلاً يعمل على إظهار التقبل للمسترشد كما

يقوم بوضع المسترشد في الإطار الخاص به وهذه إحـدى المهـارات التـي تعـرف باسـم التـأطير (Framing)، والمسترشد المنفتح هو الذي يقدم المعلومات الصحيحة للمرشد بغـض النظـر عـن مدى سريتها أو خصوصيتها.

إن العلاقة الإرشادية هي الجانب الأساسي في العمل الإرشادي وهي المرتكز الرئيسي- في نجاح العملية الإرشادية، لذلك وجب على المرشد مراعاة خصائص العلاقة الإرشادية الجيـدة ولا تقتصر العلاقة الإرشادية على المرشد والمسترشد فقط بل يمكن النظر أيضاً إلى الإطار العام الـذي تحدث فيه هذه العملية فهي تتم في المؤسسة التعليمية التعلمية وبالتأكيد هنـاك علاقـة بـين الأفراد العاملين في هذه المؤسسـة وبـين عمليـة الإرشاد وسـوف نسـتعرض طبيعـة العلاقـة بـين العملية الإرشادية أهم الأفراد صلة بها من مثل المدرس ، والإدارة.

العلاقة بين المدرس والارشاد:

المدرس هو اخبر الناس واقرب شخص الى الطلاب في المدرسة وهو الـذي يعـرفهم عـن كثب، وهو حلقة الوصل بينهم وبين المرشد. والطلاب يحتاجون الى رعاية النمو وتحقيق التوافق والمساعدة في حل المشكلات الى جانب حاجتهم للتعليم والتحصيل والمدرس وهو يـدرس مـادة تخصصه لا يمكن ان يتغاضى عن تقديم التوجيه والارشاد لمن يحتاج اليـه مـن طلابه، وفي كثير من الاحيان يكون اقدر على مساعدة طلابه حتى من بعض الخبراء المختصين الـذين قد يكون الطالب مجرد شخص غريب بالنسبة لهم قبل جلسات الارشاد التي قد تكون قصيرة ومحدودة.

والتطور الجديد لشخصية المدرس القديم التقليدي الذي كان يهتم فقط بتدريس مادة تخصصه هو دور جديد للمدرس العصري الحديث المتطور الذي يدرب على خدمات التوجيه والارشاد والمدرس في دوره الجديد ليس حلاً وسطاً بين المدرس من جهة والمرشد من جهة اخرى وهو ليس توليفة من الدورين.

وهكذا نرى أن دور المدرس دور مزدوج يحتمه أمران :

- اولهما أن التربية التقدمية الحديثة تتطلب قيام المدرس بهذا الدور المزدوج.

- ثانيهما هو نقص عدد المرشدين في المدارس حتى الان وبهذا يكون المدرس هو محور للعملية التربوية الارشادية المتكاملة.

والمدرس هو أولاً وقبل كل شيء مدرس مادة, وليس مرشداً متفرغاً. إذ انه يقوم بعملية التدريس وفي نفس الوقت يقوم ببعض عمليات الإرشاد ليس فقط في حالة غياب المرشد, ولكن أيضاً للتعاون معه في فريق الإرشاد، ورغم ممارسة المدرس بعض عمليات الإرشاد إلا انه يجب إلا يتحول إلى مرشد عن طريق الممارسة بطريقة تحول بعض مدرسي المواد الاجتماعية إلى مدرسي لغات أجنبية بحكم الممارسة، وحتى وهو يعمل كمدرس فله حدود يجب إلا يتخطاها فمثلا لا يستخدم إلا ما يجيد من وسائل الإرشاد ولا يحاول الدخول في مجال الإرشاد العلاجي أو المتخصص.

*** مهام ودور المدرس في العملية الارشادية في المدرسة:**

١) تيسير وتشجيع عملية الارشاد في المدرسة, وتعريف الطلبة بخدمات التوجيه والارشاد وقيمته وتنمية اتجاه موجب لديهم نحو برنامجه وتشجيعهم على الاستفادة من خدماته.

٢) مساعدة الطلاب العاديين في الارشاد إنمائياً ووقائياً, ورعاية نموهم النفسي- ومساعدتهم في معرفة الذات ونمو مفهوم موجب للذات. والقيام بالدور السليم في عملية التنشئة الاجتماعية وتوقي المشكلات, وتعليمهم كيفية حلها بصفة مستقلة.

٣) تهيئة مناخ نفسي صحي في الفصل وفي المدرسة بصفة عامة يساعد الطلاب على تحقيق احسن نمو ممكن وبلوغ المستوى المطلوب من التوافق النفسي والتحصيل.

٤) تطويع واستغلال مادة تخصصه في خدمة التوجيه والارشاد بحيث تفيد اكاديمياً وارشادياً في نفس الوقت.

٥) المساعدة في اجراء الاختبارات والمقاييس التربوية والنفسية لتحديد استعدادات وقدرات الطلاب وتنميتها وفي اعداد السيرة الشخصية والسجلات القصصية الواقعية وسجلات المجمعة والبطاقات المدرسية.

٦) الاشتراك في مؤتمرات الحالة الخاصة بطلابه وتقديم الملاحظات ولاقتراحات في ضوء ملاحظة السلوك في مواقف الحياة العملية داخل الفصل والمدرسة.

٧) دراسة وفهم الطلاب كل على حدة وكجماعة واكتشاف حالات سوء التوافق المبكرة فيهم ومساعدة من يمكن مساعدته واحالة من لا يمكن مساعدته الى المرشد او غيره من المختصين.

٨) العمل بطريقة الارشاد خلال العملية التربوية, والعمل على تدعيم تكامل وربط التدريس بالارشاد بطريقة مخططة واكتشاف النقاط والمواقف التي يجب عندها ان يحول الموقف الدراسي الى موقف ارشادي.

٩) الاشتراك في الارشاد الجماعي مع اعضاء فريق الارشاد في المدرسة.

١٠) ممارسة عملية الارشاد فيما يتعلق بالامداد بالمعلومات التربوية والمهنية والخاصة بالمستقبل التربوي والمهني وحل المشكلات التربوية مثل مشكلات التحصيل والنظام وسوء التوافق التربوي ومشكلات المتفوقين والمتأخرين عقلياً ودراسياً.

١١) تدعيم الصلة بين المدرسة والاسرة والاتصال بالوالدين عن طريق مجالس الاباء والمعلمين.

العلاقة بين الإدارة والإرشاد:

يعتبر المدير واجهة فريق التوجيه والارشاد في المدرسة وأكثر المسؤولين مسؤولية امام عدد كبير من الجهات والافراد. فهو مسؤول امام الجهات الاعلى والجهات الخارجية والوالدين والمسترشدين انفسهم ولكنه مسؤول بحكم منصبه.

ويفترض أن يكون المدير ملماً بالتوجيه والارشاد اذا كان له ان يتولى ادارته. ولا اقل ان يكون شأنه في ذلك شأن قائد فريق الموسيقى (المايسترو) الذي لا بد أن يكون موسيقياً قبل ان يقود فريق الموسيقى، ومن الضروري ان يكون المدير مقتنعاً بأهمية التوجيه والارشاد وضرورته وان يكون متحمساً لبرنامجه حيث يتوقف على ذلك عادةً نجاحه في ادارة برنامج التوجيه والارشاد.

* مهام ودور المدير في العملية الارشادية في المدرسة:

١) ادارة برنامج التوجيه والارشاد, والاشراف على اعداد خطته وميزانيته.

٢) الاشراف العام على جميع خدمات التوجيه والارشاد وتبسيط كافة مناشطه مما يجعلها خدمات ارشادية ملموسة للجميع.

٣) قيادة فريق التوجيه والارشاد, وتوفير الوقت الكافي لفريق التوجيه والارشاد ليقوموا بأدوارهم الارشادية.

٤) التنسيق العام بين برنامج التوجيه والارشاد والبرنامج التربوي العام.

٥) تنظيم سير العمل في المدرسة بما يسمح لبرنامج التوجيه والارشاد بأن يسير في طريقه المخطط لتحقيق أهدافه.

٦) القيام بدور تنفيذي مثل الاشتراك في بعض اجراءات عملية الارشاد.

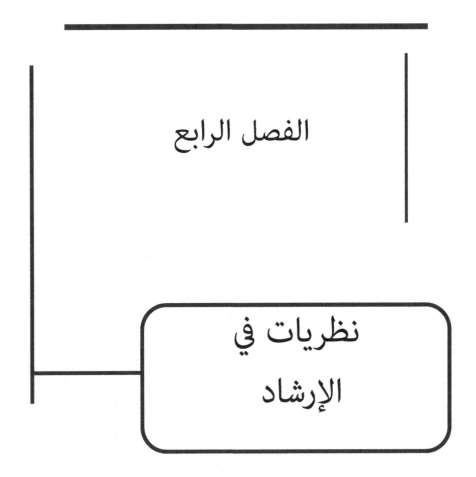

الفصل الرابع

نظريات في الإرشاد

نظريات في الإرشاد

يمثل العلم المعرفة البشرية المتراكمة بشكل نسبي، ويتفرع العلم إلى العديد من الاتجاهات من العلوم الطبيعية والعلوم الإنسانية والعلوم التطبيقية، ويندرج تحت هذه التفرعات العديد من العلوم، ويمكن النظر إلى الإرشاد كعلم يندرج تحت مظلة العلوم الإنسانية التطبيقية،

و للعلم أهدافاً أساسية يمكن إيجازها بما يلي:

- الفهم (Understanding)

- الضبط (Control)

- التنبؤ (Prediction)

- التفسير (Explanation)

و ترتبط النظرية (Theory) بشكل مباشر بالعلم فمن رحم العلم تولد النظرية، و يبقى السؤال ماذا نعني بالنظرية ؟ فكثيراً ما نجد في المؤلفات المختلفة فصلاً تم تخصيصه لاستعراض الإتجاهات النظرية المختلفة التي تناولت موضوع المُؤلف ولكن من النادر أن نجد مُؤلفاً يقدم النظرية لتوضيح مفهومها. إن أي نظرية في أي مجال لابد وأن تتضمن مجموعة من المفاهيم الأساسية هذه المفاهيم تعد بمثابة الركائز والدعائم الأساسية للنظرية و هي المنطلق الأساسي الذي تنطلق منه النظرية في تفسير الظواهر المختلفة، ويظهر هنا أن للنظرية وظيفةً أساسية وهي تقديم التفسير.

و يمكن تعريف النظرية بأنها مجموعة من المفاهيم والحقائق التي ارتبطت معاً بعلاقات معينة و ثبتت صحتها بالتجريب العلمي وتهدف إلى تفسير الظاهرة قيد البحث.

فتعرف النظرية بمفاهيمها، والمفهوم جزء أساسي في النظرية تماماً كما هي النظرية جزء أساسي في العلم، فالنظرية تعرف بمفاهيمها، فماذا يعني المفهوم ؟

و المفهوم (**Consepte**) هو **مجموعة الخصائص التي ارتبطت معاً لتعطي معنى،** فالمفهوم يؤدي وظيفة أساسية وهي تقديم المعنى لإضفاء الفهم لدى البشر- وعندما نقوم بتجميع مجموعة من المفاهيم وربطها معاً بطريقة ما بعد أن نخضعها للتجريب العلمي سنتمكن من تقديم تفسير للظاهرة ذات الصلة بالمفاهيم التي نتعامل معها وهذا ما نقصد به ولادة النظرية.

وسوف نستعرض في هذا الفصل من الكتاب مجموعة من الإتجاهات النظرية في الإرشاد وذلك بهدف التعرف عليها عن قرب، ومحاولة عرض ما قدمته النظريات المختلفة في الإرشاد من تفسير للسوك البشري و للكيفية الواجب التعامل بها مع السلوك ومن هذه النظريات

أولاً: نظرية التحليل النفسي (Psychoanalitic Theraby)

تعتبر نظرية التحليل النفسي من أقدم الاتجاهات النظرية الكلاسيكية وهي من أكثرها اتساعاً، فلا يكاد يكون هناك كتاب أو مؤلف في نظريات الإرشاد إلا وتتصدره نظرية التحليل النفسي، و ترتبط التحليلي النفسي باسم العالم سيجموند فرويد(**Sigmund Freud**) الذي يعد بمثابة الأب الروحي لهذه النظرية ولقد أثر هذا الاتجاه في العديد من الباحثين رغم أنه تمت معارضته من قبل العديد من العلماء إلا أن هناك من سار على نهج فرويد في التحليل النفسي ومنهم: آنا فرويد، آدلر، يونغ، هورناي، سوليفان وغيرهم وقد حاول هؤلاء العمل على تغيير بعض المفاهيم أو إعادة تشكيل التظرية بمنظور معاصر

لذلك يسمى التحليل الفرويدي بالتحليل النفسي الكلاسيكي أما جهود وأعمال من جاؤوا بعد فقد أطلق عليهم الفرويديون الجدد.

و أهـم مـا يميـز نظريـة فرويـد في التحليـل النفسي- هـي النظـرة التشـاؤمية للطبيعـة الإنسانية والتي يعبر عنها فرويد برأيه بأن الإنسان مخلوق غير مخير بل هو مسير بقوى ودوافع لاشعورية وبيولوجية وأحداث نفسية جنسية يمر بها خلال السنوات الخمس الأولى من حياته.

كما يرى فرويد أن الأنسان مخلوق يحكم تصرفاته غريزتين أساسيتين هما غريزة الموت والحياة إلا أنه عدل التسمية فيما بعد للغرائز المسيطرة على السـلوك البشري بـأن أشـار إلى أن البشر يسلكون بطريقة ما محكومين بغريزيتن هما غريزة العدوان والجنس، فالمحصـلة النهائيـة للسلوك البشري تهدف إلى إشباع هذه الغرائز، ويشير فرويد في كتابه الحضـارة و إحباطاتها إلى أن التحدي الأكبر الذي يواجـه العنصر- البشري هـو كيفيـة الـتحكم أو ضـبط دوافـع العـدوان والجنس.

ويفترض فوريد أن الهدف من وراء جميع الأنشطة التي تصدر عن البشر- هـو تقلـيص التوتر والقلق النفسي والذي يتأتى من مصادر متعدد من مثل:

- التغيرات البيولوجية (Biological Changes) كالتغيرات في الهرمونات، و الدوافع
- الإحباطات الخارجية (External Frustrations) من الأشخاص والأحداث الخارجية
- الإحباطات الداخلية (Internal Frustration) كالصراع بين مركبات الشخصية

- العجز الشخصي (Personal Indequacies) عدم التكيف مع المتطلبات الداخلية والخارجية

- القلق (Anxiety) كالخوف من الألم الجسمي والنفسي او الحرمان.

الافتراضات الأساسية في نظرية التحليل النفسي:

(BasicsAssumptions)

١- الإنسان مخلوق مسير ويغلب عليه الطبيعة العدوانية ولا يمكن التخلص مـن هـذه الطبيعـة بل يمكن تحويلها لتصبح مصدراً لسلوكات مقبولة

٢- السنوات الخمس الأولى من عمر الفرد حاسمة ويتقرر خلالهـا سـلوك الفـرد مسـتقبلاً بغـض النظر عما إذا كان هذا السلوك سوياً أم غير سوي.

٣- تلعب الدوافع الجنسية دوراً هاماً في تقرير السلوك البشري.

٤- الشخصية مكون تفاعلي يعمل كوحدة واحدة وفق منظور زماني و مكـاني، فالصراعات التـي يواجهها الفرد لا يمكن فهمها إلا من خلال فهم تاريخ الفرد الخبراتي، فالفرد أسير لخبرات المـاضي الخاص به.

٥- النمو النفسي الجنسي نمو مرحلي بمعنى أنه يمر في مراحل محددة متسلسلة زمنياً.

٦- تلعب العوامل البيولوجية دوراً هاماً في بنـاء الشخصـية وتحديـد السـلوك البشرـي، وخاصـة العامل الجنسي، وتعد هذه النقطة هي محور الخلاف بين فرويد و أتباعه من الفرويدين الجدد فقد ألغى فرويد دور العوامل الاجتماعية والثقافية، في حين يركز أنصار التحليل النفسيـ الجـدد على أهمية هذه العوامل في تحديد السلوك البشري.

بنية الشخصية: (Structuer of Personality)

تتكون الشخصية من ثلاثة أنظمة هي:

١ - الهو: (The ID)

هو النظام الأساسي في الشخصية وهو يمثل المصر الرئيسي للطاقة النفسية، ويرى فرويد أن هذا النظام يكاد يكون موجود منذ ولادة الفرد فهو مستودع الغرائز وينقصه النظام فهو محكوم بمبدأ اللذة ويهدف إلى التقليل من الألم أو إزالته والتخلص من التوتر من خلال الحصول على المتعة وهذا المكون لايخضع لظروف الزمان أو المكان، ويحركه إعتبار واحد هو إشباع الحاجات الغريزية بما يتماشى مع مبدأ اللذة،

٢- الأنا: (The Ego)

يمثل الأنا المكون المنظم بين أنظمة الشخصية، ويعمل ضمن مبدأ الواقع ويكون نتيجة تأثير العالم الخارجي، كما يعمل بمثابة الضابط لمكونات الشخصية، ومن أهم وظائفه الحيلولة دون حدوث تفريغ للتوتر إلى أن يتم إكتشاف الوقت المناسب لتفريغ التوتر وهذا يعني تأجيل اللذة الآنية لتصبح لذة مستقبلية، ويهدف إلى الحفاظ على حياة الفرد والعمل على تكاثر النوع واستمراريته، ويمكن أن يسمح الأنا بتحقيق بعض رغبات الهو بالإشباع أحياناً بما يتناسب مع الواقع وذلك لضمان والحفاظ على توازن الشخصية، كما أنه ضروري في حل الصراعات الداخلية بين مكونات الشخصية (الهو والأنا الأعلى)، ويبقى الأنا الضابط لسلوكات الفرد والمنظم للأحداث الداخلية في نظام الشخصية ففي حال غياب سيطرة الأنا الذي يمثل الواقعية في حياة الفرد سوف تظهر لدى الفرد التصرفات غير الواقعية وبالتالي يتأثر نظام الشخصية بغياب الأنا بشكل

سلبي، فالصحة النفسية والتكيف يتحققان في حـال وجـود مكـون الأنا القوي والمسيطر عـلى الأحداث الداخلية وحل الصراعات بطريقة أقرب للواقع الذي يعيش فيه الفرد.

٣ - الأنا الأعلى: (Super Ego)

وهو المكون الذي يمثل المثل والقيم التقليدية في المجتمع ، ويعمل كضابط عدلي فهو يصدر الأحكام على السلوكات والتصرفات من منظور المثل العليا والقيم التقليدية وإن كان في ذلك شيء من التطرف، ويخضع مكون الأنا الأعلى لمبدأ الحكم الأخلاقي، وهو أيضاً يتصدر الطرف المقابل للهو فالصراعات الداخلية في الشخصية تكون عادة بين الهو والأنا الأعلى الذي يتعارض مع الهو بشكل مباشر.

إن الأنا الأعلى ينمـو مـن خـلال التنشـئة الاجتماعيـة للوالـدين وتشـرب الفرد للقيم والعادات في المجتمع ويعمل ضمن آلية مضادة لرغبات وشهوات الهو، ومع تقدم الفرد بـالعمر يتضح للأنا الأعلى ملامح تكوينية جزئية تتمثل في:

أ- الضمير: ووظيفته معاقبة الفرد ومحاسبته على تحقيق رغبات الهو بطريقة غير واقعية.

ب- الأنا المثالية: وتقوم بدور يتمثل في جعل الفرد يشعر بالفخر والاعتداد بنفسه.

ومن وظائف الأنا الأعلى العمـل عـلى معارضـة الهـو وكبح دفاعاته ذات الطبيعـة الجنسية والعدوانية، وأيضاً يقوم الأنا الأعلى بمحاولة التأثير على مكون

الأنا وذلك لإحلال الأهداف الأخلاقية محل الأهداف الواقعية والعمل على بلوغ الكمال.

ويفترض فرويد أن الشخصية أو الجهاز النفسي لدى الفرد يجب أن يكون متوازناً حتى تسير حياة الفرد بشكل سوي، لذلك يقوم الأنا بمحاولاته لحل الصراع بين الهو والأنا الأعلى فإذا نجح في ذلك كان الفرد سوياً أما إن أخفق فذلك سيؤدي إلى ظهور المشكلات النفسية وظهور أعراض الاضطراب والقلق والتوتر والعصاب.

أما الفرويديون الجدد فقد كان لهم وجهات نظر مختلفة في تفسير الـذات عنـد الفـرد فيرى كارل يونج (Jung) أهميـة الـذات كمحـرك ومـنظم للسـلوك وتحتـل مكانـة مركزيـة في الشخصية، وتعمل على ضمان وحدتها وتوازنها و ثباتها.

وقدمت كارين هورني (Horney) مفهوم للذات الدينامية فالشخص يناضل في الحياة بهدف تحقيق الذات لديه وقد أشـارت إلى وجـود الـذات المثالـة والواقعيـة، و الحقيقيـة، وأن الأمراض والمشكلات النفسية والعصابية تعود في أساسها إلى بعـد الشـخص عـن ذاتـه الحقيقيـة والسعي وراء صورة مثالية غير واقعية.

وتحدث هاري سوليفان (Sullivan) عن نمو الذات بطريقـة يحـافظ بهـا الفـرد عـلى نفسه من القلق الذي يعد نتاجاً للتفاعل الاجتماعي، ويعتبر أن دينامية الذات تلعب دوراً هاماً في تنظيم السلوك وفي تحقيق الحاجة للتقبل والقبول.

أمـا إيريـك فـروم (Fromm) فـيرى أن الشخصـية هـي مجموعـة السـمات النفسـية والجسمية الموروثة والمكتسبة التي تميز الفرد وتجعل منه شخصاً فريداً لا نظير لـه، كـما ويؤكـد على أهمية دور الأسرة في إكساب الفرد الخلق الاجتماعي مع إحتفاظه بالخلق الفردي لديه.

الشعور واللاشعور:Consciousnees & The Unconsciousnees

إن **الشعور** حسب ما يقول فرويد هو عبارة عن شريحة صغيرة جداً من العقل البشري وأن الجزء الأكبر من العقل يقع تحت سطح الوعي، فالأمر أشـبه تمامـاً بجبـل الجليـد فالشعور يمثل الجزء الأعلى من قمة الجبل في حين يشكل اللاشعور الجزء المتبقي في الأسفل، ويرى فرويـد أن الشعور هو منطقة الوعي الكامل والاتصال بالعالم الخارجي، و يمثل جميع الخبرات الواعيـة للفرد في وضعه الراهن.

ويطلق يونج على الشعور اسم **العقل الواعي** الذي يتكـون مـن المـدركات والـذكريات والمشاعر الشخصية الواعية، كما تحدث عن مفهـوم الشعور الجماعـي والـذي يشـير إلى توحـد الشعور في إدراك الحدث والتجاوب معـه بـين مجموعـة مـن الأشـخاص في ظـل ظروف معينـة كالحروب والكوارث وقد أطلق عليه مصطلح **العقل الجماعي.**

أما **اللاشعور** والذي يمثل معظم الجهاز النفسي عند الفرد ويحتوي على كل ما هو مخفي وكامن ومكبوت وليس من السهل استدعاؤه، إذ يعتقد فرويد أن الخبرات المكبوتة داخل اللاشعور تسعى للخروج إلى الشعور ويظهر ذلك خلال الأحلام وأعراض المرض النفسي، ولا نستطيع دراسة اللاشعور مباشرة

ولكن يمكننا فهمه من السلوك والاستدلال عليه من خلال دراستنا لمجموعة من الأبعاد من مثل:

١ – الأحلام والتي هي تمثيل رمزي للحاجات اللاشعورية، والأمنيات، والصراعات أو التعارضات، وتمثل الأحلام الخبرات التي يعيشها الشخص والتي يكون فيها الأنا في أضعف حالاته، مما يفسح المجال إلى تلك الخبرات والرغبات التي تمثل الهو بالخروج والسيطرة على الفرد على مستوى الحلم.

٢- زلات اللسان والنسيان

٣- الإيماءات واقتراحات ما بعد التنويم المغناطيسي

٤- المواد المشتقة من اسلوب التداعي الحر

٥- المواد المشتقة من استخدام الأساليب والاختبارات الإسقاطية في دراسة الشخصية

٦- المحتويات الرمزية للأعراض الذهانية.

ويؤكد يونج على ما يسميه **باللاشعور الشخصي-** والـذي يتكـون مـن خـبرات الفـرد المكبوتة ويمكن استخدام اختبار تـداعي الكلـمات للكشـف عنـه، أمـا **اللاشعور الجماعـي** فهـو مشترك بين الأفراد والذي يمكن فهمه من خلال دراسة الأساطير والطقوس والعادات.

ويشير فرويد إلى تلك المساحة التي تتواجد فيها خبرات يمكن استدعاؤها لساحة الشعور وهـي ما أطلق عليه اسم ماقبل الشعور، إلا أن هذه المساحة لم تلق الدراسة المتعمقة كما لقتها ساحة الشعور واللاشعور،

السلوك المضطرب:

يرى أنصار نظرية التحليل النفسي- من خلال تطور الشخصية السوية بأن أسباب الإضطراب في نظام الشخصية يكمن في الاختلال في الوظائف التي تقوم بها مركبات الشخصية وعلى وجه التحديد مركب الأنا فضعف هذا المركب وعدم تماسكه وفشله في التوفيق بين متطلبات كل من المركبين الآخرين (الهو، الأنا الأعلى) حيث يبالغ الشخص في استخدام ميكانزمات الدفاع الأولية كالتقمص والنكوص والتبقرير والكبت والتعويض وغيرها ليحمي نفسه ضد التوتر.

ويحدد فرويد مصادر الإضطراب النفسي ومنشأه فيما يلي:

١- ضعف الأنا في التوفيق بين متطلبات كل من الهو والأنا الأعلى

٢- عدم المرور السليم في مراحل النمو النفسي الجنسي وتطور الشخصية مما يؤدي إلى عدم إشباع متطلبات كل مرحلة من هذه المراحل الأمر الذي ينتج عنه ظاهرة التثبيت أي أن الفرد إن لم تشبع حاجات المرحلة النمائية التي يمر بها في السنوات الخمس الأولى من حياته سيترتب عليه أن يظل الفرد بحاجة إلى إشباع تلك الحاجات فمثلاً خلال إحدى المراحل والتي تعرف باسم المرحلة الفمية والتي تسود خلال الفترة العمرية منذ الولادة وحتى سن السنتين فإن لم تشبع متطلباتها بشكل جيد سينتج عنها مستقبلاً فرداً يعاني من مشكلات كقضم الأظافر أو مص الإبهام أو الإدمان على الكحول أو التدخين كرد فعل على عدم تلبية متطلبات هذه المرحلة سابقاً، مما يترتب عليه التثبيت في هذه المرحلة و بالتالي نشوء الإضطراب.

٣- ما يختبره الفرد من خبرات ومشاعر سلبية كالصراعات والقلق والإحباط والتوتر والضيق بشكل قوي.

دور المرشد في نظرية التحليل النفسي:

يهدف التحليل النفسي- إلى الكشف عن طبيعة الصراعات وجعل الفرد يعي تلك الخبرات المسببة للقلق والتوتر ثم العمل على مساعدته على التعامل معها، وهذا الأمر يتطلب من المرشد أن يكون واعياً بانفعالاته ومسيطراً عليها، ويمكن تلخيص دور المرشد في نظرية التحليل النفسي بما يلي:

١ – الاهتمام بالسنوات الخمس الأولى من حياة المسترشد وخاصة بالجوانب الإنفعالية فيها.

٢- توفير جو آمن للمسترشد لدعمه ومساعدته في الحديث عن نفسه واستدعاء الأفكار للكشف عن مكنونات الذات المكبوتة لديه.

٣- التعامل مع المقاومة، ففي حالة إظهار المسترشد للمقاومة، فعلى المرشد أن يستخدم مهاراته وخبراته في التعامل مع هذا المسترشد لجعله مرتاحاً ويشعر بالاستقرار الإنفعالي ليقلل من مقاومته وبالتالي التعامل مع مشكلة المسترشد، والعمل على مساعدته في حلها.

٤- على المرشد أن يساعد المسترشد في إظهار الأفكار والخبرات المكبوتة في شخصيته وذلك للتعرف على سبب الاضطراب ثم العمل على علاجه فالهدف ليس فقط إنهاء الكبت لدى المسترشد بل أيضاً العمل على تطوير استجابات ملائمة لقدرات المسترشد الشخصية.

٥- على المرشد أن يوظف الأساليب العلاجية المناسبة في العملية الإرشادية ومن هذه الأساليب العلاجية:

أ- التداعي الحر: Free Association

والذي يتضمن قيام المسترشد بسرد لما يدور في خلده دون قيود أو ضوابط بغض النظر عما يسببه ذلك من ألم أو ضيق أو توتر أو ما يعتبره المسترشد سخيفاً أو غير منطقي أو غير مناسب، ويعد التداعي الحر من أساسيات التحليل النفسي

ب- التفسير: Interpretation

ويتضمن إشارات المرشد وشرحه وتعليمه للمسترشد لمعاني سلوكه التي يظهرها من خلال التداعي الحر والتنفيس، وللتفسير وظيفتين الأولى هي السماح للأنا باستيعاب المواد الجديدة المكتشفة والثانية الإسراع في كشف الخبرات اللاشعورية.

ج- تحليل الأحلام: Dream Analysis

إذ يرى فرويد في الخبرات التي يمر بها الفرد في الأحلام بانها حيز من تلك المكنونات المكبوتة داخل الفرد ويجب العمل على الكشف عنها وتحليلها من خلال تفسيرها ومحاولة فهي تعكس الكثير من الأسباب المخفية عن ساحة الوعي والشعور والتي تؤدي إلى الاضطراب أو المشكلات لدى الفرد وأن الكشف عن تلك الأسباب يؤدي إلى المساعدة في التخفيف من حدة التوتر والقلق وبالتالي الإسهام في العلاج.

د- **وسائل أخرى من** مثل تحليل المقاومة، التنويم المغناطيسي، التنفيس الإنفعالي، الاختبارات الإسقاطية.

تقييم النظرية:

لقد حقق فرويد في نظريته نجاحاً واسعاً وخصوصاً في أساليب العلاج التحليلي، وفيما يتعلق بتخليص المسترشد من مخاوفه وقلقه التي تفرضها عليه دوافعه و خبراته الدفينة في شخصيته، كما أن نظرية التحليل النفسي ركزت على الخبرات الماضية التي مر بها الفرد كخبرات الطفولة والافتراض الأساسي هنا هو أن استكشاف الماضي والذي ينجز من خلال العلاقة التحويلية مع المسترشد هو عمل ضروري جداً لإحداث التغيير في شخصية المسترشد إلا أنه وبالرغم من النجاح الذي حققته نظرية التحليل النفسي إلا أنها تعرضت للعديد من الانتقادات والتي نذكر منها:

- مبالغتها في دور الغرائز في تحديد السلوك و أنها سبب في نشوء الإضطراب النفسي ـ وخاصة الغرائز العدوانية والجنسية

- إهمالها للبعد الإجتماعي والثقافي في تحديد السلوك

- نظرتها السلبية التشاؤمية للطبيعة الإنسانية

- بنيت النظرية مبدئياً على سلوك الأفراد المرضى من الناس، وليس على سلوك العاديين من الناس فما ينطبق على سلوك الفرد المريض ليس بالضرورة أن ينطبق على الفرد العادي

- لم يكن هناك بعداً تجريبياً في النظرية لإثبات الإفتراضات الأساسية فيها فهي نظرية تفتقر للبعد التجريبي العلمي الأصيل أنها نظرية لا تصلح لكثير من أنواع الاضطرابات النفسية خاصة السيكوباثية والذهانية منها.

- أن الإفادة المرجوة من هذه النظرية للمرشد قليلة فهي نظرية علاجية أكثر منها نظرية إرشادية.

- الجانب التطبيقي في النظرية بحاجة إلى إعداد متخصص إضافة إلى أن إجراءات العلاج فيها تحتاج إلى وقت وجهد كبيرين.

ثانياً: النظرية السلوكية (Behaviorisim)

ظهرت الحركة السلوكية لتشكل ثورة على نظريات علم النفس التقليدية، فقبل ظهور المدرسة السلوكية كان النموذج السائد في ميدان علم النفس بشكل عام هو النموذج الطبي فقد كان ينظر إلى السلوك الشاذ أو غير السوي على أنه مجرد عرض لإضطراب داخلي، ومن ثم تطور المفهوم للسلوك السوي بحيث أصبحت الفكرة السائدة في علم النفس هي أن السلوك الشاذ يتسبب به وجود خلل في العمليات النفسية الداخلية، ثم ظهرت نظرية التحليل النفسي على يد العالم سجموند فرويد ولاقت رواجاً كبيراً والذي اقترح بأن أسباب السلوك الشاذ والاضطرابات تكمن في اللاشعور، وقد وجهت إلى هذه النظرية انتقادات عديدة من أهمها الاعتماد على التخمين وعدم دراسة الظاهرة السلوكية بالطريقة العلمية، إضافة إلى أن العديد من الدراسات التي أجريت أوضحت عدم فاعلية أو جدوى أساليب العلاج النفسي التقليدية بما فيها أساليب التحليل النفسي، ومع تطور حركة القياس والتشخيص النفسي التقليدي برزت المدرسة السلوكية التي أخذت على عاتقها تبني دراسة الظواهر السلوكية دراسة تجريبية بدلاً من الاعتماد على التنظير التجريدي. ولكن

للتعرف عن قرب على المدرسة السلوكية لابد لنا من الإطلاع على أهم الافتراضات الأساسية والمبادئ والمفاهيم فيها.

الأفتراضات الأساسية في النظرية السلوكية:

تستند النظرية السلوكية في الإرشاد النفسي إلى العديد من الافتراضات الأساسية والتي تشكل أساساً في كيفية دراسة والتعامل مع السلوك البشري ومن هذه الافتنراضات ما يلي:

١ – معظم السلوك البشري متعلم، بمعنى أن السلوك السوي والسلوك الشاذ كلاهما بالمحصلة يخضعان لقوانين التعلم إذ يمكن إعادة تعديل أو تغيير السلوك.

٢- يستجيب الكائن الحي للمثيرات البيئية وفقاً لتوقعاته المنتظرة منها، ووفقاً للنتائج المترتبة على ذلك السلوك حيث تعمل النتائج المرضية إلى تقوية السلوك و تكراره وتثبيته في حين تعمل النتائج غير المرضية على التقليل من إمكانية إعادة السلوك أو تكراره إضعافه. وهذا ما يعبر عنه أنصار السلوكية بأن التعامل مع السلوك يجب أن يكون بوصفه محكوم بنتائجه

٣- التعامل مع السلوك على أنه المشكلة وليس مجرد عرض لها، وهذا الافتراض يشكل إحدى ميزات المدرسة السلوكية إذ أن التركيز على دراسة السلوك نفسه على أنه هو المشكلة والعمل على علاجه بالتعديل أو التغيير سينهي المشكلة ولايجوز التعامل مع السلوك على أنه عرض للمشكلة كما ينادي أنصار النظريات التقليدية في التحليل النفسي.

٤- عملية تعديل وتغيير السلوك لا تحدث إلا في البيئة التي يحدث فيها السلوك، أي أن التعامل مع السلوك المراد تعديله أو تغييره يجب أن يتم ضمن إطار البيئة الطبيعية التي يحدث فيها، فالسلوك لا يحدث في فراغ بل بسبب مثيرات بيئية قبلية أو بعدية لذا إن أردنا أن نغير سلوك ما علينا أن نغير من المثيرات البيئة القبلية والبعدية التي تحيط بالسلوك ولا يمكن الألمام بتلك المثيرات البيئية القبلية أو البعدية إلا بدراستها في الظروف البيئية التي تحدث فيها و التي ينتج عنها السلوك.

٥- الإنسان كائن حي لا ياتي للعالم وهو خير أو شرير بالفطرة بل لديه الاستعداد للخير وللشر وذلك حسب ما يتعرض له الإنسان من خبرات يتعلم خلالها السلوك الخير أو السلوك الشرير.

٦ - تمثل الشخصية مجموع العادات المكتسبة أو المتعلمة أو يمكن النظر إليها على أنها الأنماط السلوكية المتعلمة التي يتعلمها الفرد ويكتسبها خلال نموه عن طريق التعلم.

٧ - السلوك البشري بمعظمه خاضع لقوانين منظمة وتعرف بقوانين التعلم.

٨- تمثل الدافعية أساساً للتعلم، والدوافع هي محركات وموجهات وتحافظ على استمرارية السلوك.

السلوك المضطرب:

ينظر أنصار المدرسة السلوكية للسلوك غير السوي أو المضطرب على أنه تعلم خاطئ تعرض له الفرد من خلال خبراته المكتسبة وليس له أسباب عميقة، فتكرار قيام الفرد بسلوك ما وتكون نتيجة قيامه بذلك السلوك مرضية فإنه مع

زيادة معدل الاستجابة لتلك المثيرات التي تستجر السلوك سيشكل عادة يحتفظ بها الفرد لأنها مثابة وتسمح له بالتكيف مع المحيط الخارجي.

وينظر كل من دولارد وميللر إلى السلوك المضطرب على أنه مرتبط بالصراع الانفعالي كالذي يحدث عندما يدفع الخوف الفرد إلى البحث عن استجابة تتعارض مع استجابة هادفة، وعندما تتوقف الاستجابة الهادفة يقل مستوى الخوف لدى الفرد ثم يعزز السلوك التجنبي.

كما يرى تولمان أن السلوك البشري سلوك غرضي بمعنى أن السلوك موجه نحو تحقيق هدف معين، ويؤكد على أن ما تتعلمه العضوية إنما هو وسيلة لغاية وهذا ما عرف باسم السلوكية الهادفة أو السلوكية الغرضية، ومن هنا يتبين أن السلوك المضطرب يرتبط بوجود هدف يرغب الفرد في تحقيقه وقيامه بسلوك ما يؤدي إلى تحقيق ذلك الهدف فيتم تعلمه. كالطالب الذي يريد أن يحقق النجاح في الامتحان ويقوم بسلوك الغش فإن أدى السلوك إلى تحقيق ما يصبوة إليه فيتم اكتساب سلوك الغش ليصبح سلوكاً متعلماً يقوم به الطالب في كل مرة يتعرض فيها إلى لموقف الامتحان.

أهداف الإرشاد والعلاج السلوكي:

يرتكز الإرشاد والعلاج السلوكي بشكل أساسي على نظريات التعلم وهو يهدف بشكل رئيسي إلى إحداث تغيير في سلوك الإنسانوبشكل خاص السلوك غير المتوافق أو غير السوي، والسلوك يمثل مجموعة الاستجابات الظاهرة التي يمكن ملاحظتها.

ويمتاز الإرشاد والعلاج السلوكي بتوفر الفنيات الإرشادية والعلاجية التي يمكن استخدامها، كما أنه لا يركز على الخبرات المبكرة للمسترشد، إضافة إلى أنه لا يهتم بسمات المشكلات فينظر لها على أنها متعلمة، وهو أيضاً سهل التطبيق وملموس النتائج و مقبول إجتماعياً، ويضع الإرشاد السلوكي من خلال عملية الإرشاد تصوراً للمتغيرات التي تدخل في عملية الإرشاد على أساس أنها جزء من بيئة التعلم ومن ثم فإنها تعتبر حيوية لنجاح عملية الإرشاد وترتكز على أربع مراحل أساسية هي :

- دراسة السلوك
- إعداد الأهداف
- استخدام الأساليب الفنية الإرشادية
- التقويم

ويمكن تحديد أهداف الإرشاد والعلاج السلوكي بشكل تعاوني بين المرشد والمسترشد بحيث تأتي هذه الأهداف ملائمة للمسترشد ومتمشية مع أخلاقيات العمل الإرشادي ومن الأهداف العامة للإرشاد والعلاج السلوكي:

١ - تعديل السلوك المضطرب من خلال دراسة الظروف التي يحدث فيها السلوك والتركيز على تبيان تلك المثيرات التي تعمل على استثارة السلوك المضطرب (المثيرات القبلية) وتلك المثيرات التي تلي السلوك فتعمل على تقويته (المثيرات البعدية)

٢- تخطيط مواقف يتم فيها تعلم ومحو التعلم بحيث يتم تعليم المسترشد سلوكات بديلة للسلوك المستهدف (غير المرغوب) و إجراء عملية محو لتعلم المسترشد للسلوك غير المرغوب، وكل ذلك يتم من خلال إعادة تنظيم

الظروف البيئية، مما يـؤدي إلى تكـوين ارتباطـات شرطيـة جديـدة لتحقيـق التوافـق والتكيـف المرغوب.

٣- تعليم المسترشد عملية اتخاذ القرارات وتشجيعه على صنعها، وتحمل المسؤولية.

دور المرشد في الإرشاد السلوكي:

إن الإفتراض الأساسي في الإرشاد السلوكي هو أن المرشد يعد بمثابة الشخص القـادر عـلى مسـاعدة المسترشد في تعديل سلوكه، بحيث يصبح أكثر توافقـاً وتكيفـاً مـع الواقـع الـذي يعيشـه، ويعـد الإرشاد السلوكي موقفاً تعليمياً وعليه فإن دور المرشد في الإراشاد السلوكي يتمثل بما يلي:

١ – تفهم المسترشد وتقبله وبناء علاقة إيجابية معه

٢- تعزيز بعض السلوكات لدى المسترشد مما يؤدي إلى تخفيض حدة الشعور بالضيق لديه

٣- تشخيص الحالة، ونوع المشكلة، وتحديد الأساليب المناسبة للتعامل مع المشكلة القائمة

٤- التعامل مع السلوك على أنه مكتسب لا أن يراه سوي أو شاذ.

٥- التقييم أي تحديد الموقف الحـالي للمسترشـد للتعـرف عـلى درجـة الإضـطراب لديـه ونـوع السلوك المراد التخلص منه وتحديد السلوك البديل.

٦- تعزيز التقدم الذي يحصا لدى المسترشد خلال تعلمه للسلوك البديل المراد إكسابه له

٧- تعليم المسترشد كيف يعيش حياته بشكل فاعل بعد تخلصه من إضطرابه.

٨- استخدام الأساليب الفنية في الإرشاد السلوكي ومن الأساليب الممكن استخدامها

- التعزيز: وهو عبارة عن كل ما يقوي أو يرفع معدل الاستجابة وقد يقدم التعزيز للحفاظ على استمرارية السلوك ومن ثم يقدم لتثبيت السلوك المرغوب لدى المسترشد

- الكف المتبادل: وهو تقديم مثير يؤدي إلى استجابة مضادة ومختلفة عن الاستجابة التي تظهـر السلوك غير المرغوب

- التشكيل والتسلسل

- العلاج بالتنفير

- النمذجة

- تقليل الحساسية التدريجي

- ضبط المثير

- التلقين والإخفاء

- طرق وأساليب ضبط الذات

- لعب الدور

تقييم النظرية السلوكية:

تعتبر النظرية السلوكية من أقوى النظريات الإرشادية فهي واسـعة الإنتشـار و ممتـدة الإستخدام، كما أنها تمتلك العديد من الأساليب والفنيات التي تتـيح المجـال لاستخدامها علـى نطاق واسع من الأفراد بفئات عمرية مختلفة، وقد أعطت هذه النظرية التجريب أهمية كبرى وأكدت على أن الفرد لا يأتي وهو

يمتلك لسلوكه الحسن أو السيء بل أن الكثير منه قد تعلمه من خلال تجاربه وتفاعله مع البيئة، إلا أن هذه النظرية قد وجه إليها العديد من الإنتقادات من مثل

- أنها تتعامل مع الأفراد بشكل آلي فهي تفتقر إلى اللمسة الإنسانية والشخصية

- اهتمت بأعراض السلوك غير السوي وليس بالأسباب الحقيقية المؤدية إليه

- إغفالها للإستجابات اللفظية وللنواحي الإنفعالية المرافقة للسلوك

- استمدت غالبية مفاهيمها من تجارب أجريت على الحيوان وعممت على السلوك البشري.

ثالثاً: الإتجاه الإنساني

يؤكد أنصار الإتجاه الإنساني على أهمية الإنسان، وتركز على دور الخبرة الشعورية للفرد كما أنها تنظر للطبيعة الإنسانية نظرة خيرة وتعطي أهمية للخبرة دوراً هاماً وفاعلاً في عملية التعلم والتغير وأن الإنسان يمتلك كامل حريته وإرادته وله حق الاختيار كما أنه يمتلك القدرة على النمو والإبداع والتكيف والتوافق.

ويعتبر العالم كارل روجرز من أحد أشهر أنصار الاتجاه الإنساني في الإرشاد، إذ تعتبر نظريته المعروفة بنظرية الذات من النظريات الرئيسية في الإرشاد والعلاج النفسي ـ لذلك نجد البعض يطلق على هذا الإتجاه بالاتجاه الروجري، كما يطلق البعض عليها اسم النظرية المتمركزة حول المسترشد، ذلك أنها تتيح المجال أمام المسترشد أن يستكشف الحلول لمشكلاته التي يراها مناسبة

بنفسه، وتركز على استبصار المسترشد لذاته وللخبرات التي شوهها أو حرفها أو أنكرها في محاولة لإدماجها أو التقريب بينهما مما يعطي الفرصة لنمو الشخصية.

وينظر روجرز للإنسان على أنه بنّاء وفاعل وإيجابي ومتعاون ومتطلع للأمام، كما أن نمو الشخصية لديه يتحدد بمجموعة من المفاهيم التي تتلخص في أن الفرد يولد ولديه حاجة وحيدة وهي حاجة فطرية وموروثة وهي الحاجة لتحقيق الذات، ولكن الفرد يتعلم من تفاعله مع بيئته حاجتين هما الحاجة للاعتبار (التنقدير) الإيجابي من جانبي الآخرين والحاجة للتقدير الإيجابي الذاتي.

المفاهيم والافتراضات الأساسية في نظرية روجرز:

تستند نظرية روجرز في الإرشاد إلى مجموعة من المفاهيم والافتراضات الأساسية ومن أهم هذه المفاهيم والافتراضات ما يلي:

١- يثمل تحقيق الذات الدافع الأساسي لدى الإنسان، فالإنسان المتوافق هو من يدرك ذاته والبيئة المحيطة به بصورة واقعية ويعتمد على ذاته وخبراته في اتخاذ قراراته كما أنه يشعر بالحرية والطمأنينة.

٢- ينظر روجرز للطبيعة البشرية نظرة إيجابية في الأصل وأن الإنسان كائن إجتماعي بطبعه، طموح، قادر على التحكم بوجوده، وتوجيه ذاته.

٣- يمثل المجال الظاهري للفرد مجموع خبراته التي يعيها الفرد من خلال تفاعله مع بيئته

٤- الإنسان يمثل الكلية العضوية له وهو يمتلك الخصائص التالية:

- الكائن الحي مستجيب ككل منظم للمجال الظاهري وذلك لتحقيق حاجاته

- له دافع أساسي و هو تحقيق ذاته

- أنه قد يرمز خبراته فتصبح شعورية أو قد يلغي ترميزها فتصبح لاشعورية

٥- للمجال الظاهري خاصية أنه قد يكون شعوري أو لاشعوري، وذلك حسب الخبرات التي تمثله أو تكونه

٦- الذات هي كينونة الفرد وهي ذلك الجزء الأهم في المجال الظاهري لدى الفرد

٧- تمثل الذات حجر الأساس في شخصية الفرد وهي تمتاز بالخصائص التالية

أ- أنها تنمو من تفاعل الفرد مع بيئته المحيطة

ب- الخبرات التي لا تتناغم مع الذات والمجال الظاهري تدرك على أنها تهديدات

ج- يمكن لذات أن تتغير نتيجة للنضج والتعلم من خلال التفاعل مع البيئة

د- تتضمن الذات القيم التي يمتلكها الفرد وقد يستبدل الفرد القيم لديه بقيم الآخرين فيتشربها ويضفي صورة رمزية مشوهة لقيمه الفعلية الحقيقية.

٨- تتكون الذات لدى الفرد من ثلاثة مكونات وهي

١ - الذات المدركة وتتضمن إلى ما يدركه الفرد عن ذاته من قدرات وقيم إمكانات واتجاهات وميول. (الفرد في عيون نفسه)

٢ - الذات الواقعية أو الذات الاجتماعية: وتتضمن ما يدركه الآخرين عن الفرد من قدرات وإمكانات واتجاهات وميول (الفرد في عيون الآخرين)

٣- الذات المثالية: وتتضمن ما يطمح الفرد أن يكون عليه، وما يسعى إلى تحقيقه من خلال تفاعله مع الآخرين في البيئة المحيطة به.

السلوك المضطرب:

يرى روجرز أن أكثر ما يؤدي إلى الإضطراب هو التهديد بأشكاله المختلفة الموجهه إلى بناء الذات لدى الفرد، والتهديد يحدث بحسب ما ندركه للخبرات التي نمر بها، وقد ينشأ السلوك المضطرب بسبب عدم التوافق بين الذات المدركة الواقعية والذات المثالية التي يسعى الفرد لتحقيقها، وينتج عن ذلك أن يتشكل لدى الفرد عدم الثقة بقدرته على اتخاذ القرارات المناسبة وتظهر لديه أنماط من السلوك التي ترنبط بوجود الإضطراب لديه من مثل القلق والتوتر الدائمين، العجز عن مواجهة المواقف الحياتية وتجنبها، يصبح لديه سلوك يتسم بالجمود وعدم المرونة، عدم إمكانية التنبؤ بسلوك الفرد، عدم القدرة على ضبط السلوك والتحكم به.

أهداف الإرشاد الروجري

يهدف الإرشاد الروجري إلى تحقيق العديد من الأهداف التي تتنطلق من الافتراضات الأساسية للإرشاد الروجري في نظرية الذات ويمكن إيجازها بما يلي:

١ – مساعدة المسترشد على بناء ذاته، من خلال تهيئة الظروف الملائمة لنمو الذات لديه بشكل سليم.

٢- العمل على مساعدة المسترشد في إعادة تنظيم بنية الذات لديه فيصبح لديه مفهوم عن ذاته أكثر تطابقاً مع الخبرات التي يعيشها.

٣- زيادة تحرر المسترشد في التعبير عن مشاعره عن طريق التعبيرات اللفظية وغير اللفظية.

٤- مساعدة المسترشد في التخلص من كل أنماط السلوك السلبية اللاتكيفية التي تعلمها من خلال التنشئة الاجتماعية.

٥- مساعدة المسترشد في تغيير مدركاته بشكل يؤدي إلى التطور والنمو والنضج.

٦- توفير الفرص المناسبة للمسترشد والتي تتيح المجال يتحقيق ذاته بشكل تدريجي.

دور المرشد في الإرشاد الروجري:

يتمثل درو المرشد في الإرشاد الروجري بأن يقوم المرشد على جعل المسترشد قادر على

١ – العيش بدون الشعور بوجود تهديد وذلك من خلال الاعتبار الإيجابي غير المشروط من قبل المرشد

٢- التعايش الواعي التام مع المشاعر والانفعالات.

٣- التعبير الحر عن الخبرات الموجودة في المجال الظاهري لدى المسترشد.

٤- إعادة تنظيم البنية الأساسية للذات لدى المسترشد

٥- تغيير أسلوب معايشة الفرد لخبراته من خلال تغيير إدراكاته لتلك الخبرات بشكل إيجابي

٦- تدعيم المسترشد من خلال التقبل غير المشروط لذاته وليس لسلوكاته

٧- العمل على زيادة معايشة المسترشد لذاته كمركز للتقويم

٨- إتاحة الفرص للمسترشد للتوفيق بين الذات المدركة الواقعية والذات المثالية لديه.

رابعاً: النظرية الواقعية

المقدمة :

العلاج الواقعي الذي تحدث به جلاسر ما بين عامي (١٩٩٨-٢٠٠٠) في معظم كتبه مبني على نظرية الإختيار. إن المعالجون الذين يتبنون العلاج الواقعي يؤمنون بأن أساس المشاكل التي يعاني منها العملاء هي واحدة وناجمة إما عن:

أولاً: وجود علاقات غير حميمة وغير مشبعة مع الآخرين.

ثانياً: نقص وإنعدام مثل هذه العلاقات .

ويعتقد جلاسر بأن المعالج حتى يكون فعال فإنه ينبغي عليه أن يواجه ويقود العميل ليحصل على علاقات إجتماعية فعالة وكفؤة، وينبغي أن يعلم العميل أن يتصرف بطرق أكثر كفاءة وفعالية من طريقته الحالية للتواصل مع الآخرين .

إن الكثير من العملاء غير مدركين بأن أغلبية مشاكلهم ناجمة عن عدم التصرف بطريقة مناسبة ، كما وأنهم غير مدركين بأنهم هم الذين يختارون أن يتصرفوا بمثل هذه الطرق، إن كل ما يدكه العميل هو أنه يشعر بألم أو بغضب، وبأنه غير سعيد لأنه تم تحويله للمرشد النفسي لمساعدته اما عن طريق إدارة

المدرسة أو مكتب القاضي أو أحد الأبوين، وكل ما يعرفه بأن الآخرين الذين يمثلون سـلطة غـير راضين عن تصرفاته.

إن المعالجين الذين يتبنون النظريـة الواقعيـة يـدركون أن العميـل هـو يختـار سـلوكه، وبأنه يسلك مثل هذا السلوك (والذي قد يكون خاطئ) كوسيلة للتعامل مـع الإحباطـات التـي نتجت عن وجود علاقات إجتماعية غير مشبعة، ويؤمنون بأن كل السـلوكات والتصرفات الغـير بناءه الناتجة عن الفرد والتي تتراوح بين اكتئاب بسيط إلى ذهـان شـديد والموصـوفه بــ DSM- IV (مجلد التشخيص النفسي للأمراض العقلية) هي ناتجة عن وجود علاقات غـير مشبعة مـع الآخرين.

يعتقد جلاسر بأننا لا يجب أن نطلـق عـلى العميـل ايـة اسـم أو وصـمه مثـل: شخص مكتئب، شخص ذهاني، إلا إذا كان ذلك ضرورياً لأغراض التأمين.

وفي وجه نظر جلاسر فإن كل التشخيص الذي يطلق على سلوكات الأفراد هي محاولة لوصف هذه السلوكات التي يختاروا أن يسلكوها للتعامل مع الألم والإحباط الذي يعانون منه، بسبب وجود علاقات إجتماعية غير مشبعة. ويعتقد جلاسر بأن هؤلاء الأفراد ليس لديهم مرض عقلي، ويعتقد بأن المرض العقلي هو وضع معين مثل: خرف الشيخوخة، أو الصرع، إصابات الدماغ، وبأن المرض العقلي مرتبط بوجود خلل عضوي في الدماغ، بسبب أن هؤلاء الافراد لديهم دماغ لا يقوم بوظائفه بشكل سوي، ويمكن أن تتم معالجتهم من قبل طبيب الأمراض العصبية (Neurologists).

المفاهيم الأساسية في النظرية

النظرة إلى الطبيعة الإنسانية

تؤمن النظرية الواقعية بأننا لسنا مولودين فارغين من الداخل وبأن العالم الخارجي يحركنا بالقوة، بل تؤمن بأننا مدفوعين ومحركين من داخل أنفسنا وبأن **لدينا خمسة حاجات أساسية هي:**

١. الرغبة في العيش.

٢. الرغبة في الحب والإنتماء

٣. الرغبة في الحصول على القوة

٤. الرغبة في الحصول على الحرية

٥. الرغبة في الاستمتاع

وتؤمن هذه النظرية بأن هذه الحاجات الخمس هي التي توجهنا وتقودنا طوال فترة حياتنا، وهذه الحاجات تختلف في شدتها من فرد إلى آخر مثلاً : كلنا لدينا رغبة في الحصول على الحب والإنتماء ولكن البعض يحتاج إلى الحب أكثر من البعض الآخر.

إن هذه النظرية تؤمن بأن دماغ الإنسان هو الذي يتحكم، وبأنه سيقوم بإستمرار في مراقبة مشاعرنا لمعرفة مدى كفاءتنا في الجهود التي نبذلها لإشباع حاجاتنا الخمس مثلاً: عندما نشعر بالضيق فإن السبب هو أن احدى هذه الحاجات غير مشبعة مع أننا نكون غير واعين بأننا لدينا حاجات غير مشبعة، لكننا نكون شاعرين بأننا نريد أن نكون أفضل من الوضع الذي نحن عليه، وإذ كنا نشعر بألم فإننا نحاول أن نتوصل إلى طريقة ما لنتوقف عن هذا الشعور.

خصائص العلاج الواقعي.

إن العلاج الواقعي لا يهتم ولا يركز على معرفة الأخطاء (من المخطئ) إنما يركز على العميل وهو الذي يستطيع أن يسيطر ويتحكم في تلك العلاقة. إن جلاسر يعلم العميل بأنه لا جدوى من الحديث عما لا يستطيع العميل السيطرة عليه، وعندما يحتج العميل ويقول: إن هذا غير عادل. إن المعالج قد يوافق ويقول: أنه لا يوجد أي ضمانات بأن الحياة عادلة، وإن الضمان الوحيد هو أنك أنت الشخص الوحيد الذي يعرف بأنك تستطيع أن تتغير، وأن الشكوى قد تشعرك بالإرتياح لفترة قصيرة، ولكنها سلوك غير فعال، لو كانت الشكوى فعالة ومجدية لكان هناك الكثير من الناس سعداء أكثر في هذا العالم.

<u>أولاً: التركيز على المسؤولية</u>

لو أننا نختار كل ما نفعله، فإنه ينبغي علينا أن نكون مسؤولين عما نختاره، أن ذلك لا يعني أننا ينبغي أن نعاقب أو نلقي اللوم علينا، إلا إذا اخترقنا القانون. أن على المعالج دائماً أن يركز على حقيقة أن العميل هو المسؤول عن تصرفاته، وأن العميل قد يرفض فكرة أن يختار أن يكون مريض، أو أن يتصرف بطريقة جنونية. أن المعالج ينبغي أن يكون حكيم في أن لا يناقش هذا العميل. فالمعالج عندما يفعل ذلك فإن العميل يرى أن في ذلك هو مبرر لإختياره للسلوكات الهدامة للذات، وذلك كمحاوله منه أنه لإقناع المعالج بأنه لا يستطيع عمل الكثير لمساعدة نفسه. بالمقابل فإن على المعالج أن يركز على ما يستطيع العميل إختياره، لأن عمل ذلك يؤدي بالعملاء أن يصبحوا قريبين أكثر من الأشخاص الذين يحتاجونهم.

ثانياً: رفض التحويل.

منذ أن بدأ جلاسر بالحديث عن العلاج الواقعي فإنه كان يركز على أن المعالج الذي يستخدم العلاج عن طريق الواقع يجب أن لا يمثل أي شخص آخر وإنما يمثل شخصيته الحقيقية.

إن التحويل عباره عن طريقة يرفض فيها المعالج والعميل تحمل المسؤولية لمن هم الآن، وإنه لمن غير المنطقي أن يشعر المعالج بأنه شخص آخر وليس من هو عليه حقيقة مثلاً: لو إفترضنا أن العميل ادعى الآتي وقال للمعالج: (ارى بأنك كأبي أو أمي ولهذا اتصرف حالياً بهذه الطريقة). وفي مثل هذه الحالات فإن جلاسر يؤكد أن المعالج يجب أن يقول التالي بحزم : أنا لست أمك أو أبوك أنا أمثل نفسي. إن السبب لتسمية هذا النوع من العلاج بالعلاج الواقعي وذلك لأن أغلب العملاء لديهم رغبة كبيرة لتجنب تحميل المسؤولية بأفعالهم ويميلون إلى أن يتهربوا من أي شيء يعرضه المعالج لمساعدتهم، حتى لا يتحملوا المسؤولية في تصرفاتهم.

إن جلاسر يقول: بأن التحويل كان أصلاً من اختراع وأفكار فرويد، حتى يتم تجنب انخراط المعالج بحياة العملاء الشخصية.

ثالثاً: أن يبقي العلاج في إطار الحاضر.

إن الكثيرمن العملاء يأتون إلى الإرشاد مقتنعين بأن مشاكلهم بدأت بالماضي وبأنهم يجب أن يتحدثوا عن ماضيهم حتى تتم مساعدتهم.

إن جلاسر يؤكد بأننا نتاج الماضي، ولكن يناقش أيضاً بأننا لا نستطيع تغيير الماضي، إلا أنه لا يزال هناك الكثير من الطرق العلاجية تركز على أنه

حتى يتم تعليم العميل التصرف والقيام بوظائفه بفعالية ، فإنه لا بد أن نفهم ماضيه ونناقشه، مع أن ذلك يبدو أمراً منطقياً ، إلا أن جلاسر يؤمن بأن ذلك ليس صحيحاً، وذلك لأن الكثير من العملاء يتجنبوا التعامل مع مشاكلهم الحقيقية التي أساساً لها ارتباط وصله بوجود علاقات حالية مع الآخرين غير مشبعة.

رابعاً : تجنب التركيز على الأعراض

في العلاج الكلاسيكي التقليدي الكثير مـن الوقـت يسخر ويـتم قضاءه في التركيز عـلى الأعراض من خلال سؤال العملاء : كيف تشعرون؟ لماذا أنتم متوترين أو مذعورين ؟

بنفس الطريقة التي يمنع بها التركيز على الماضي من قبل العميل مـن مواجهة الواقع بأن لديه علاقـات مـع الاخرين غـير مشبعة ،فإن التركيـز عـلى الأعراض يعيق مـن مواجهـة الواقع،وبأن هناك علاقات حالية غير مشبعة وإن الالم أو الاعراض التي يختارها العملاء هي غير مهمة في العملية الارشادية.إن المعالجين الذين يستخدمون العلاج الواقعي يقضون وقت قليـل في مناقشة تلك الاعراض،وذلك لانهم لا يستطيعون تحسينها،التحسن يكون في علاقات فعالة مع الاخرين.

وظيفة ودور المعالج

إن أحد الوظائف الاساسية للمعالج الذي يعالج عن طريـق استخدام العـلاج الـوقعي هو:

مساعدة العميل على التعامل مع الحاضر،فمنذ البداية يكون تطبيق وممارسـة العـلاج الواقعي عن طريق التعامل مع المشاكل الحالية بحيث يسأل

المعالج الأتي: هل السلوكات الحالية التي تسلكها الان تؤدي بك على أن تحصل عـلى مـا ترغـب به؟ هل خياراتك واقعية؟ هل خياراتك تؤدي بك الى أن تصبح أقرب للناس الـذين تحتـاجهم أو تريد أن تعرفهم؟

ومن هنا فإن العمـلاء يسـتطيعون أن يقـرروا مـا الـذي يرغبـون بعملـه لـكي يحسـنوا علاقاتهم الحالية مع الآخرين، أو كيف يجدوا علاقات جديدة في حياتهم. أن لمـن المهـم أن يـرى العملاء المعالجين على انهم اشخاص يعرفون طبيعة الحياة، وأن يـرى العميـل المعـالج غـلى أنـه شخص ناجح في التعامل مع الحياة ولا يهاب مناقشة أية موضوع مع عملائه.

العلاقة بين المرشد والمسترشد

قبل أن تظهر فعالية العلاج لا بد من تأسيس علاقة تفاعلية و ترابطيـة مـا بـين المرشـد والعميل. ان العميل بحاجة إلى أن يعرف الشـخص الـذي يقـوم بمسـاعدته ويهـتم بـه بالشـكل الكافي حتى يتقبله ويساعده على إشباع حاجاته في الحياة العملية. فالعلاج الـواقعي يركـز عـلى العلاقة التي تقدم الفهم و الدعم.

أن أحدى العوامل الهامة في ذلك هو وجود الرغبة والقدرة لدى المرشدين لتطوير نمـط علاجي خاص لكل فرد يتعاملون معه. أن الأخلاص والصدق و الإرتياح مع الـنمط المسـتخدم في العلاج يعتبر عاملاً هاماً في استمرار العملية العلاجية.

ولكي تظهر العلاقة التفاعلية ما بين المرشد والعميل فإنـه لا بـد أن يتـوفر لـدى المرشـد بعض الخصائص الشخصية النوعيـة مثـل : الـدفء، الـتفهم، التقبـل، الإحـترام للعميـل، الإنتفـاح الرغبة والمقدرة على أن يتحدى الآخرين.

أن من أحد أفضل الطرق التي تعمل على تطوير الرغبة والمقدرة والصداقة اثناء العلاج يتم ببساطة من خلال الإصغاء للعملاء.

أن التفاعل والانخراط أيضاً يمكن أن يتحفز بشكل اكبر من خلال الحديث عن مواضيع كثيرة التعدد ومرتبطة بالعميل،وبمجرد أن يتم تأسيس علاقة تفاعلية فإن المرشد بعدها يستطيع أن يواجه العملاء بالواقع وبالنتائج المترتبة على سلوكاتهم الحالية.

من وجهة نظر جلاسر فإن الفن في العلاج الواقعي يكمن في أن يكون هناك مقدرة على تأسيس علاقة علاجية فعالة مع كل عميل يطلب المساعدة من المرشد. أن ذلك يعني أن المعالج ينبغي أن يكون لديه المقدرة على الشعور بالإرتياح مع عدد كبير و متنوع من الأفراد ذوي ظروف مختلفة وليسوا جزء من حياة المرشد .

إن المعالج ينبغي أن يكون ملتزم في العملية العلاجية ، ويحق للعميل أن يسأل ما يشاء وأن يحصل على تفسير من مجرى الأمور داخل العملية الإرشادية.

خامساً : نظرية التحليل التفاعلي

مقدمة :

تم تطوير نظرية التحليل التفاعلي مـن قبـل (Eric Berne) (١٩١٠_ ١٩٧٠) الـذي نـال شهادة الطب العام من جامعة مغيل في مونتريال كندا ، وتدرب على أسلوب التحليل النفسي.

تاريخاً تطورت نظرية TA كامتداد للتحليل النفسي مع مفاهيم و أساليب خاصة صممت لمعالجة المجموعات. اكتشف بيرن أن استخدام TA من قبل من يتعامل معهم من المسترشدين أحدث تحسنا مهما فقطع علاقته مع التحليل النفسي وكرس نفسه ووقته لهذه النظرية والتمرين عليها.

استنبط بيرن معظم مفاهيم التحليل التفاعلي من تركيز انتباهه على ما قاله المسترشدين الذين يعالجهم. إحدى مساهماته في نظرته أن الطفل يطور خطة شخصية لحياته كأسلوب بقاء جسمي ونفسي . ونظرته أن الأشخاص يتشكلون خلال سنين حياتهم الأولى بواسطة الخطة التي سيتعبونها خلال سنين حياتهم الباقية.

يعتقد بيرن أن تطبيق التفاعلية مثالياً للجامعات. إذ هناك وسائل كثيرة ليفهم الفرد نفسه من خلال تحليل التفاعلات التي تحصل في الجماعة ، فيستطيع الفرد أن يجرب خطتـه في الحياة من خلال أن يعيش ذكرياته المبكرة مرة أخرى وتفاعله مع باقي أعضاء المجموعـة. كـما أن المجموعة تضفي الصفة الإنسانية على العلاج وتزوده بالتجارب الحية التي ينقلها العضو إلى أسرته، أصدقائه، ومجتمعه.

حديثاً المدربين على النظرية التفاعلية عدلوا على العديد مـن المفـاهيم الأسـاسية التـي وضعها بيرن وفي هذا البحث يتم توضيح الأسلوب الموسع لبيرن

الذي تم تعديله من قبل (Mary & Robert Goulding) وهـم رواد مدرسـة إعـادة القـرار في النظرية التفاعلية. إذ يختلف أسـلوبهم عن أسـلوب بـيرن التقليـدي فقـد وحـدوا التفاعليـة مـع مبادىء وأساليب العلاج الجشطالتي، العلاج الأسري، لعب الدور، العلاج السلوكي.

<u>الافتراضات الأساسية:</u>

١-   حالة الوعي هي أهـم خطـوة في العمليـة لتغيـير طـرق التفكـير، الانفعـال، السلوك في المراحل المبكرة من العلاج، الأساليب الموجهة لزيـادة الـوعي عنـد المسترشدين في مشاكلهم وخياراتهم لعمل تغييرات جوهرية في حياتهم .

٢-   كل فرد مسؤول عن اعماله، طرق تفكيره، وكيف يشعر، فالآخرين لن يجعلـوا منا أن نشعر بطريقة محددة كما أننا نستجيب للمواقف وفقاً لخياراتنا.

المفاهيم الأساسية

<u>النظرة الى الطبيعة الأنسانية</u>

١-   يؤكد أن الناس يولدون أمراء ويظلون كذلك الى أن يحولهم آبـاؤهم الى صـور ضعيفة، وتعتبر هذه النظرة متفائلـة نحـو النـاس ولكنهـا نظـرة سـلبية نحـو علاقة الآباء مع الأبناء وطرق التنشئة وأن العلاقات والخبرات المبكرة تـؤثر على السلوك.

٢- يرى بيرن أن الفرد تقع عليه كامل المسؤولية في صنع القرارات الأساسية لحياته فهو مقتنع أن الإنسان قادر تماماً على تحمل المسؤولية وإتخاذ قراراته.

٣- عارض نظرة فرويد الغرائز ولكنه قال أن الإنسان لديه حاجات نفسية أو جوع أهمها : جوع المثير، جوع البناء ،جوع الموقف .

أ- **جوع المثير:** هي حاجة الكائن البشري الى إقامة لغة التواصل والتفاعل مع الآخرين.وتظهر عند الولادة في الحاجة الى الملامسة البدنية اللصيقة وقد يؤدي القصور أو الحرمان من هذه الملامسة الى الإصابة بالمرض ثم الموت . وبعد أن يكبر الطفل تصبح لغة التواصل هي الملاطفات(strokes) .

ب- **جوع البناء** (structure) هي الحاجة في شغل الوقت وتجنب الملل، أو كما وردت في أحد كتب بيرن :(ماذا تقول بعد أن تقول هاللو؟). فبقوم الفرد بعمل نشاطات، علاقات، محادثات.

ج- **جوع المكانة:** (position) الفرد بحاجة الى إتخاذ قرارات وبشكل مستمر بحيث تكون هذه القرارات ملائمة بالنسبة له، فعندما ينمو الطفل يتلقى رسائل(إيجابية أو سلبية) ومع الوقت هذه الرسائل تحكم وتحدد مكانته (ok) أو (not ok).و يقيم ايضاً مكانة الآخرين (ok not ok) هذه التقييمات عن نفسه وعن الآخرين تلتقي مع بعضها لتشكل مكانة الفرد في الحياة

وعندما يختار مكانته أو موقفه يبدأ في تنظيم علاقاته مع الآخرين عـلى هـذا الأساس . وهو ما يسمى بخطة الحياة .

٤- الإنسان إيجابي وغير سلبي في سلوكه.

٥- الناس الذين يعانون من مشكلات إنفعالية هم بشر أذكياء ومقتدرون ، لهـذا جعل المسترشد يساوي المرشد ويتحمل المسؤولية أثناء الإرشاد .

٦- كل فـرد يولـد ولديـه الطاقـة لتنميـة إمكانياتـه بمـا يحقـق أقصى فائـدة لـه وللمجتمع ، وأن ما يصادف الطفل من عقبات أثناء الطفولة المبكرة ومراحـل الحياة المختلفة تمنع نمو الفرد الى أقصى طاقاته.

العمليات العلاجية

أهداف العلاج:

يرى بيرن أن الهدف الرئيسي لعملية الإرشاد هو مساعدة الفرد على تحقيق الإستقلالية التي تتميز بالوعي (فهم واقعي للعالم) والتلقائية (القدرة على التعبير عن المشاعر بدون كبـت) والمودة (القدرة على تبادل الحب والتقرب الى الآخرين)

وبالنسبة لـ(goulding) فإن الهدف الرئيسي هـو مساعدة المسترشدين لإعادة كتابـة خطتهم في الحياة بمساعدة والد قوي أكثر من تعاونه مع المعالج .

العلاقة الإرشادية

العلاقة الإرشادية هي علاقة بين راشد لراشد

- المرشد يوضح الأعتبارات الخاصة لكل من المرشد والمسترشد من خلال العقد العلاجي.

- العقد العلاجي هو إتفاق بين المرشد والمسترشد يحدد فيه الأهداف والمراحل لعملية العلاج.

- يعمل المرشد والمسترشد كفريق واحد لتحقيق أهداف العقد.

- الثقة هي الأساس في العلاقة الإرشادية.

وظيفة ودور المرشد

بالرغم من أن TA مصممة لتطوير الوعي المعرفي والإنفعالي فإن التركيز يكون على المظاهر المعرفية:

- المعالج في TA مثل المعلم يشرح المفاهيم والمهارات التي تقوده الى حالة الأستقلال مثل التحليل البنائي ،تحليل التفاعل، تحليل اللعبة، تحليل الخطة. والتي تقوده في النهاية الى إتخاذ قرارات جديدة واكتشاف موقفه الحقيقي في العالم.

- دور المعالج هو تطبيق المعرفة التي يمتلكها لينجز العقد الذي بدأه المسترشد.

- خلق الجو الذي يمكن الأشخاص من إكتشاف أنفسهم والألعاب التي يلعبونها التي تدعم المشاعر السيئة المزمنة، وكيف يحملون هذه المشاعر لدعم خطتهم للحياة وقراراتهم المبكرة.

- تحدي المسترشدين ليكتشفوا ويجربوا طرق اكثر فعالية ومساعدتهم لإكتساب الأدوات المهمة للتغيير الفعال.

<u>خبرة المسترشد في العلاج :</u>

- القدرة على التفهم وقبول العقد العلاجي.

- المسترشد عامل نشيط في العملية العلاجية من خلال وضع الأهداف العلاجية وتنفيذها.

- على المسترشد الإلتزام بالواجبات وتجربة طرق جديدة للسلوك ولا يتخذ موقفاً سلبياً منتظراً من المعالج يعطيه علاجاً سحرياً.

أساليب العلاج :

<u>هناك اربعة اساليب يستخدمها المرشد في عملية العلاج:</u>

الحماية ، الأذونات ، الفعالية، العمليات

الأساليب الثلاثة الاولى لها علاقة مباشرة في بناء الجو المطلوب للمجموعة التفاعلية المنتجة ، بينما الأسلوب الثالث يتعلق مباشرة بسلوكات محددة للمرشد.

<u>الحماية</u>

حيث يقدم قائد المجموعة الحماية الكافية لكل مشارك من الضرر الجسمي والنفسي.

<u>الأذونات</u>

الأفراد الذين لديهم صعوبات ما زالوا يتصرفون على أساس الأوامر التي تلقوها من والديهم لذلك لا بد من مصدر أبوي جديد لأذونات التغيير.

الفعالية:

بجب على المرشد أن يستخدم مهاراته بفعالية قصوى وبأقوى شكل، درجة الفعالية عند المرشد ترتبط بقدرته على تشخيص حالات الأنا، التفاعلات والألعاب ولقدرته على استخدام مهارات التشخيص هذه في الوقت المناسب في تقدم المجموعة.

العمليات

وتتضمن الأساليب التي أعتبرها بيرن مهمة:

١-الاستجواب:

يهدف هذا الأسلوب للحصول على معلومات ويكون المرشد واثقاً من استجابة أنا الراشد فيها ، ويجب التجنب في إستخدامها بكثرة.

٢-التحديد:

هو تحديد بعض السلوكات ووصفها بشكل مناسب وتحميل المسترشد مسؤولية ما يقوله وتثبيت المعلومات التي يقولها عن طريق إعادة المرشد ما يقوله المسترشد.

٣-المواجهة:

تستخدم للإشارة إلى التقلب في سلوك المسترشد كما تستخدم للإشارة إلى التناقض بين التعابير اللفظية والسلوك غير اللفظي.

٤-الشرح:

إجراء يتم من (أنا الراشد) عند المرشد (الانا الراشد) عند المسترشد حيث يشرح له لماذا قام المسترشد بأعمال معينة. ويهدف هذا الإجراء الى إعادة

تنظيم حالة الأنا الراشدة حيث يسمح المسترشد للأنا لديه بالإصغاء عندما يكون غير قادر على مواجهة الحقيقة.

٥-التوضيح

يستخدمه المرشد ليوضح مفاهيم جديدة لأنا الراشد عند المسترشد ، وبنفس الوقت يحاول تقليل التوتر باستخدام الفاكهة التي تفرح (أناالطفل) وهذا الإجراء يشير الى المسترشد لإستخدام أنا الراشد وأنا الطفل معاً في بعض المواقف.

٦-التثبيت

بعد أن يواجه المسترشد بسلوك معين فإن السلوك يختفي لفترة ولكن بعدها يعود.التثبيت هو محاولة المرشد مساعدة الفرد ليدرك كيف أن السلوك ظهر ثانية ليعمل جاهداً على التخلص منه.

٧-التفسير

عندما تقوم أنا الطفل عند المسترشد بتشويه الموقف،فإن على المرشد أن يفسر هذا السلوك في محاولة منه ليساعد المسترشد على رؤية الأسباب الكامنة وراء سلوكه . لكي يكون التفسير ناجح يجب أن يكون من أنا الراشد عند المرشد لأنا الراشد عن المسترشد.

٨-البلورة

في هذه المرحلة الأخيرة يقدم المرشد للمسترشد أنه أصبح جاهزاً للتخلي عن لعب الألعاب التي كان مندمجاً بها.

إن هذه القائمة بالإجراءات غير شاملة ،وأن المرشد يستطيع استخدام أي أسلوب يشعر أنه مفيد وفعال للمسترشد.

التقييم:

أظهرت نظرية بيرن مفعولها في مجال العلاج والإرشاد النفسي حيـث تـم عـلاج حـالات كانت أفضل من طرق أخرى في العـلاج . فقـد تقـدم للعـلاج (١٠٠) عميـل كـانوا يعـانون مـن حكايات الجن وقد ظهر تحسن على ٢٠% من الأفراد.

يقول (shilling) أن النظام الذي جاء بـه بـيرن معقد ومـن الصـعب الـتحكم بـه لأن مفرداته عامية وغريبة بنفس الوقت فهي تحتاج الى معجم من الكلمات .

إن تعابير بيرن في مصطلحاته الغريبة جعلت من نظريته مجـالاً للنقد . وأن المفـاهيم التي جاء بها ليست جديدة فقد تحدث فرويد عن الحالات الثلاث للأنا.

إن من صفات هذا الإتجاه إنه تعليمي ومبـاشر . والتحليـل التفـاعلي يهـدف لتجنيـب حدوث التطرف وتطلعاته موجهة لحفز مثال أعلى لكون الإنسان عادياً وتطوير طـرق التعريـف للناس بأنفسهم . كما يشار الى النجاح في تحليل التفاعل لأنه يغذي الok في الإنسان .هذا وقـد أحدث بيرن تجديداً في المعالجة السريرية.

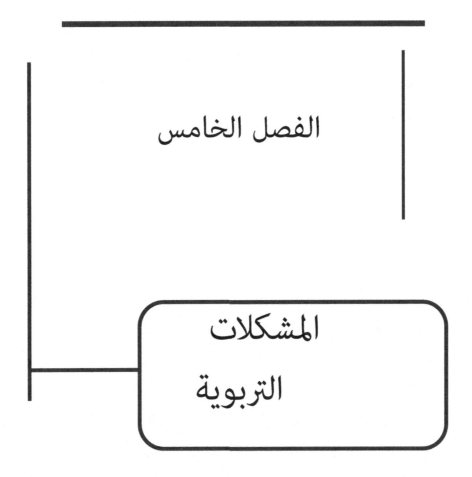

الفصل الخامس

المشكلات التربوية

المشكلات التربوية

و أهم المشكلات التربوية تتمثل في انخفاض الدافعية للتعلم، الهروب من المدرسة، التأخر عن الحصص، الغياب التأخر الصباحي، التأخر الدراسي، إهمال الواجبات المدرسية الغش، قلق الإمتحان صعوبات التعلم.

انخفاض الدافعية للتعلم

هو السلوك الذي يظهر فيه الطلاب شعورهم بالملل والانسحاب وعدم الكفاية والسرحان وعدم المشاركة في الأنشطة المدرسية والأنشطة التعليمية الصفية.

الأسباب:

١ـ عدم توافر الدافعية للتعلم.

٢ـ الممارسات الصفية التي تسهم في تدني الدافعية ومنها:

أولاً: ممارسات الطلاب:

١ـ التباين الشديد بين الطلاب في مستوياتهم مما يجعل بعض الطلاب يسيئون إلى عاجزي التعلم.

٢ـ التباين في أعمار الطلاب وأجسامهم مما يتيح للبعض استغلال قوتهم في السيطرة، وخلق جو منفر للتعلم والحياة.

٣ـ كثافة الفصل و الصف التي تسهم في اختفاء كثير من الصعوبات القائمة عند الطلاب مما يؤدي إلى إهمالها وعدم معالجتها

٤ـ عجز المناهج عن تلبية حاجات الطلاب وحل مشكلاتهم.

٥ـ الاشراطات السلبية المرتبطة بالتعلم الصفي كالعقاب والفشل.

٦ـ شعور الطلاب بالملل والضجر من روتين اليوم الدراسي.

٧ـ غياب النماذج الحية الناجحة والصالحة للتقليد، وسيادة الدافعية الخارجية لدى الطلاب وإنجازهم لمهمات ترضي المعلمين والآباء.

ثانياً : ممارسات المعلمين:

١ـ إغفال المعلم الكشف عن التعلم القبلي الضروري لكل خبرة تعليمية.

٢ـ عدم كشف المعلم عن استعدادات المتعلمين في كل خبرة يراد تقديمها.

٣ـ إغفال المعلم تحديد الأهداف السلوكية التعليمية التي يراد تحقيقها.

٤ـ غياب التفاعل بين المعلم والمتعلم.

٥ـ عدم قدرة المعلم على تحديد المعززات التي يستجيب لها الطلبة.

٦ـ التركيز على الدرجات بدلا من الأفكار واستفادة الطلاب.

٧ـ خلو التدريس من الاستكشافات والابتكارات.

الخدمات الإرشادية:

دور المعلم:

١ـ زيادة الظروف الصفية المدرسية المثيرة للتعلم.

٢ـ زيادة تفاعل المعلم والمتعلم.

٣ـ زيادة فاعلية المادة الدراسية والخبرات والأنشطة المختلفة.

٤ـ تقديم التعزيز المتكرر المناسب للطلبة وفق حاجاتهم.

٥ـ زيادة وعي الطالب للهدف من التعلم.

٦ـ زيادة مبادرة الطلاب وسعيهم لتحقيق الإنجاز.

٧ـ زيادة الفرص التعليمية المؤدية للنجاح.

دور المرشد:

أ ـ تهيئة المواقف التي تزيد من رغبات الطلاب للإسهام في العملية التعليمية.

ب ـ أهمية النجاح واستثارة دوافع النجاح لدى الطلاب.

ج ـ المعززات الفورية لحظة ظهور السلوك البديل.

د ـ زيادة دور الطلاب في المواقف التعليمية.

هـ ـ تهيئة المواقف التي تتضمن شعور الطلاب بأهمية ما يقدم لهم من خبرات في حياتهم العملية.

الهروب من المدرسة

هو تعمد التغيب دون علم أو إذن من المدرسة أو الوالدين.

الأسباب:

١- وجود مرض جسمي أو عقلي يعاني منه الطالب.

٢- رغبة الطالب في البحث عن مغامرة، أو جذب انتباه الآخرين، أو إشباع حب التفاخر أمام زملائه.

٣- وجود تشجيع من طالب أو مجموعة على الهروب.

٤- وجود خلافات أسرية.

٥- عدم اهتمام الأسرة بنجاح الطالب.

٦- قدرات الطالب أعلى أو أقل في التحصيل من قدرات زملائه، فيشعر أن ذهابه إلى المدرسة لا طائل من ورائه.

٧- وجود مشكلة مع أحد الطلاب أو أحد المعلمين فيهرب بعيداً عن المشكلة.

٨- عدم وجود دافع للتحصيل الدراسي.

٩- عدم إشباع حاجات وميول الطالب.

١٠- عدم وجود الطعام المناسب في مقصف المدرسة.

١١- تعاطي الطالب التدخين.

١٢- قسوة المعاملة في المدرسة.

١٣- عدم تسجيل غياب كل حصة.

١٤- ضعف إدارة المدرسة.

الخدمات الإرشادية:

-توعية الطلاب بأضرار الهروب من المدرسة على السلوك والتحصيل.

-إبلاغ ولي أمر الطالب فوراً.

-تسجيل الغياب لكل حصة ومتابعته.

-مساعدة الطالب على تلافي أسباب الهروب.

الـغـيـاب

وهو عدم حضور الطالب المدرسة دون سبب شرعي أو عذر وجيه.

الأسباب:

أ-عوامل داخل المدرسة:

عـدم رغبـة الطالـب في الدراسـة، عـدم أداء الواجبـات المدرسية، صـعوبة أو سـهولة المقررات الدراسية، ضعف إدارة المدرسة، كراهية الطالب لمادة معينة أو معلم معين، عدم توفر متطلبات الطالب في المقصف.

ب-عوامل خارج المدرسة:

ارتباط منزل الطالب بأعمال وزيارات اجتماعيـة، وجـود معـاملات حكوميـة يقضيها الطالب للأسرة، بعد منزل الطالب عن المدرسة، عدم وجود وسيلة نقـل، الحاجـة الماديـة الماسـة، سـوء الأحوال الجوية، وجود مشكلات عائلية، سهر الطالب في الليل، وجود مغريات خارج المدرسة، مصاحبة رفقاء السوء، وجود سيارة بيد الطالب، وجود مبلغ مالي غـير مناسب بجيب الطالـب، وجود قضية أو مشكلة تمس الطالب....

الخدمات الإرشادية:

-بيان أضرار ومساوىء الغياب على التحصيل والسلوك.

-تنمية الدافعية للتعلم.

-عقد جلسة مع الطالب الغائب أكثر من خمسة أيام لمعرفة الأسباب، ومساعدته على تلافيها.

-متابعة إدارة المدرسة للطلاب الغائبين يوميا، وإبلاغ أسرهم بذلك.

-تنفيذ لائحة الغياب ، وذلك بخصم ربع درجة من غياب يوم دون عذر.

-العمل على جعل المدرسة بيئة جذب للطلاب باستخدام الوسائل التعزيزية والمشوقة .

التأخر الصباحي

وهو عدم حضور الطالب الصف الصباحي أو الحصة الأولى.

الأسباب:

١- تهاون الطالب في أداء صلاة الفجر.

٢- سهر الطالب في الليل ونومه المتأخر.

٣- إهمال الأسرة في إيقاظ الطالب صباحاً.

٤- عدم الخروج المبكر من المنزل.

٥- وجود مشكلات أو أعمال أسرية تؤخره.

٦- بعد منزل الطالب عن المدرسة.

٧- عدم وجود وسيلة نقل للطالب.

٨- سوء الأحوال الجوية.

٩- عدم رغبة الطالب في الدراسة.

١٠- عدم رغبة الطالب في أداء التمارين الصباحية.

١١- وجود تمارين رياضية صعبة ومرهقة.

١٢- كراهية الطالب لمادة معينة أو مدرس معين.

١٣- افتقاد الطالب لقدرة التنظيم السليم للوقت.

١٤- تغاضي إدارة المدرسة عن متابعة المتأخرين.

١٥- إهمال الطالب في أداء واجباته المدرسية.

الخدمات الإرشادية:

- حث الطلاب على أداء صلاة الفجر في المسجد يومياً.

- تعديل عادة النوم عند الطالب المتأخر، وترك السهر بعد الحادية عشرة مساءً.

- مساعدة الطالب على الالتحاق بمدرسة قريبة من سكنه.

- حسب لائحة المدارس، يعتبر الطالب غائباً يوماً واحداً، إذا ما تأخر أربع مرات.

- تنفيذ إرشاد جماعي للطلاب المتأخرين.

- عدم منع الطالب المتأخر من دخول المدرسة إطلاقاً.

- الاتصال بولي أمر الطالب لتلافي أسباب التأخر.

- التجديد المستمر لفعاليات الطابور الصباحي ليصبح جاذباً ومشوقاً للطلاب.

- تغيير الجدول المدرسي ووضع المعلمين المحبوبين في الحصص الأولى .

- تفعيل دور الإشراف على الطلاب قبل بداية اليوم الدراسي .

هو الطالب المتأخر دراسياً الـذي لا يـستطيع تحقيق المستويات المطلوبـة منـه في الصف الدراسي، ويكون متراجعاً في تحصيله قياساً إلى تحصيل أقرانه.

أسباب التأخر الدراسي

أ-عوامل شخصية:

١ - عوامل عقلية : الضعف العقـلي، نقـص القـدرات العقلية، نقـص الانتبـاه، ضعف الـذاكرة والنسيان.

٢ - عوامل جسمية : اضطراب النمو الجسمي وتأخره، ضعف البنية والصحة العامـة، اضطراب إفرازات الغدد، التلف المخي، سوء التغذية، الأنيميا، ضعف البصر الجزئي، طول البصر وقصره، عمى الألوان ، حالات الاضطرابات كعدم التوافق الحسي أو الحركي، اضطرابات الكلام.

٣ - عوامل انفعالية : الشعور بالنقص، ضعف الثقة بالذات، الاستغراق في أحلام اليقظة، عدم الاتزان الانفعالي، القلق، عدم تنظيم مواعيد النوم، الاضطراب الانفعالي للوالدين، نقص الانتباه، ضعف الذاكرة والنسيان.

ب-عوامل منزلية:

المستوى الاقتصادي للأسرة، المستوى الثقافي للأسرة، العلاقات الأسرية المفككة، أسلوب التربية الخاطيء.

ج-عوامل مدرسية:

تنقل الطالب من مدرسة إلى أخرى، كثرة تغيب الطالب، الهروب من المدرسة، عدم تقدير الطالب لقيمة العمل المدرسي، التنظيم السيئ في المدرسة، ضعف الدافعية لدى الطالب، عدم بذل الجهد الكافي في التحصيل، عدم حل الواجبات المدرسية، الاعتماد الزائد على الغير، الانشغال عن الحصة.

الخدمات الإرشادية:

-دراسة الحالة الصحية والنفسية والاجتماعية للطالب المتأخر دراسياً.

-معالجة مشكلات الطالب الصحية.

-مساعدة الطالب المتأخر على أن يفهم نفسه ومشاكله، وأن يستغل امكانياته الذاتية من قدرات واستعدادات ومهارات وميول.

-تنمية الدافع للتحصيل الدراسي، ببناء أفكار إيجابية عن أهمية التعليم في حياة الفرد والمجتمع.

-تعليم الطالب طرق الاستذكار الجيد وتنظيم الوقت السليم.

-تهيئة الجو المدرسي أفضل تهيئة.

-توجيه عناية خاصة داخل الفصل نحو المتأخر.

-تنفيذ حصص تقوية، وبرنامج الأب المقيم.

-التعزيز الإيجابي ، وذلك تقديم حوافز للطالب الذي يتحسن مستواه الدراسي.

-تحسين العلاقة الاجتماعية للطالب المتأخر مع أسرته ومع المعلمين.

-توثيق التعاون بين البيت والمدرسة، لمعالجة الأسباب الأسرية المسؤولة عن التأخر.

إهمال الواجبات المدرسية

سواء قراءة أو حفظاً أو كتابة أو رسماً.

الأسباب:

١- عدم تنظيم الطالب لوقته.

٢- كثرة الواجبات المنزلية.

٣- صعوبة الواجبات أو سهولتها.

٤- ضعف التحصيل الدراسي.

٥- انخفاض الدافعية للتعلم.

٦- اتصاف الطالب بعادة النسيان.

٧- عدم امتلاك الطالب المواد المساعدة للقيام بالواجب.

٨- عدم متابعة المعلم للواجبات.

٩- اتجاه الطالب السلبي تجاه المعلم أو المادة.

١٠- عدم توفر الظروف المنزلية المناسبة للقيام بالواجب.

١١- تدخل ولي الأمر الزائد في حل واجبات ابنه.

الخدمات الإرشادية:

-توعية الطلاب بأهمية الواجبات المدرسية.

-متابعة مذكرة الواجبات المدرسية.

-مساعدة الطالب على تنظيم وقته.

-تكليف الطالب المهمل بحل واجباته داخل المدرسة.

-الاتصال بالأسرة للتعاون مع المدرسة.

-تقديم التعزيز الإيجابي عند التزام الطالب المهمل بحل الواجبات.

-تقديم نماذج من أعمال زملائه المتميّزين.

-تنظيم عملية إعطاء الواجب من قبل المعلمين حتى لا يثقل كاهل الطالب وأسرته.

الـــغـــش

من صوره الغش في الاختبارات والغش في الواجبات وتزوير توقيع ولي الأمر.

الأسباب:

١- إهمال مذاكرة الدروس.

٢- صعوبة المادة الدراسية وصعوبة أسئلتها.

٣- كثرة الواجبات المدرسية.

٤- رغبة الطالب في الحصول على درجات مرتفعة.

٥- ضعف ثقة الطالب بنفسه.

٦- عدم تنظيم الطالب لوقته.

٧- تقليد زملائه الآخرين.

٨- توفّر فرص الغش.

٩- الخوف من عقاب الوالدين أو المعلمين.

١٠- وجود ضغوط أسريّة.

١١- تحدّي السلطة نتيجة لنوع معاملته.

١٢- عدم شعور الطالب بعواقب الغش الوخيمة.

١٣- أداء الطالب لأكثر من اختبار في اليوم الواحد.

١٤- تهاون المراقب أثناء الاختبار.

الخدمات الإرشادية:

- تلافي الأسباب السابقة الذكر.

- بيان أضرار الغش على التحصيل والسلوك.

- تعليم الطلاب الطريقة السليمة للاستذكار السليم والتنظيم الجيّد للوقت.

- تنمية الدافعية للتعلم والتحصيل والقراءة.

- جعل الطلاب يتولون جدولة مواد الاختبار.

- تطبيق اللائحة التي تنص على حرمان الطالب من درجات المادة التي غشّ فيها.

- تكليف الطالب بإعادة الواجب الذي غش فيه.

- تفعيل الإرشاد الديني في القضاء على المشكلة.

قلق الاختبار

وهو شعور الطالب قبل وأثناء الاختبارات بالضيق والتوتر وخفقان القلب وكثرة التفكير، مـما يعيقه عن الأداء الجيد في الاختبار.

الأسباب:

- إجراءات الاختبارات التي تبعث على الخوف والقلق.

- اهتمام الأسرة الزائد بالاختبارات.

- عدم مراعاة الفروق الفردية بين الطلاب.

- عدم الاستعداد الكافي للاختبارات.

- ضعف الثقة بالنفس.

- تأخر الطالب في الدراسة.

- استغلال بعض المعلمين الاختبار كوسيلة انتقام على الطلاب.

الخدمات الإرشادية:

كلما زاد القلق الطبيعي زاد مستوى التركيز، ولكن القلق المرضي يؤدي إلى نقـص التركيـز ويمكن تقديم الخدمات التالية :

- توعية الطلاب بأن الاختبارات وسيلة تقويم لعمل طوال سنة كاملة، وليس غايـة أو هـدفاً في حد ذاته.

- تنمية الدافعية للتعلم.

- تنمية مهارات الاستذكار الجيد، وطريقة اجتياز الاختبارات، والتنظيم السليم للوقت.

- تعريض الطالب لمواقف الاختبار بصورة تدريجية ، حتى يضعف القلق.

-أن تكون أسئلة المعلمين مراعية جميع مستويات الطلاب، وأن تبدأ بالسؤال السهل ثم الصعب ثم الأصعب.

-الابتعاد عن المنبهات، وأهمية حصول الجسم على الراحة ليلة الاختبار، وعدم التفكير فيما فات منه.

-عرض نموذج أمام الطالب يرى فيه كيف يتصرف في مواقف الاختبار.

-عدم تناول مهدئات أو منشطات تؤثر على صحة الطالب.

صعوبات التعلم

تبدو هذه المشكلة عندما يكون هناك فرق بين مستوى تحصيل الطالب والمستوى الـذي تؤهلـه له استعداداته وقدراته .

سلوك المشكلة :

١. انخفاض مستوى التحصيل الدراسي (رسـوب في مـادة أو أكثر) على عكـس مـا تشـير إليـه استعدادات وقدرات الطالب (مستوى الذكاء) .

٢. لا يرجع هذا الانخفاض في التحصيل إلى إعاقات بدنية (مثل عيوب السمع والإبصار) أو إلى إعاقة عقلية (مثل التخلف العقلي) .

٣. يمكن أن يشار إلى المشكلة على أنها نوع من محدد :

أ - صعوبات تعلم الرياضيات .

ب- صعوبات تعلم القراءة .

ت- صعوبات تعلم الكتابة .

٤- يبدأ ظهور المشكلة في حدود سن الثامنة (الصف الثالث الابتدائي).

العوامل المساعدة على حدوث المشكلة :

١. وجود مشكلات في التخاطب التعبيري أو الاستقبالي .

٢. وجود مشكلات في النمو الحركي للطفل .

٣. تغيرات مختلفة في التاريخ التعليمي للطفل (مثل تغير المدرسين ، أو تغير المدرسة ، وفترات الانقطاع) .

التعرف على المشكلة :

- المدرسون .

- الآباء .

- المرشد من خلال متابعة النتائج وتعبئة السجل الشامل .

الأدوات التي تستخدم للحصول على معلومات حول المشكلة :

١. مراجعة السجل الشامل .

٢. مراجعة نتائج الاختبارات الشهرية والفصلية .

٣. ملاحظات المدرسين .

٤. المقابلة مع الطفل ومع المدرسين .

٥. الاختبارات التحصيلية المقننة .

٦. قوائم المشكلات (مثل قائمة المشكلات المدرسية – الشناوي ، والماطي).

الأساليب الإرشادية :

١. التعامل مع المشكلات العضوية مثل ضعف السمع وضعف الإبصار ، وغيرها عن طريق الجهات الطبية المتخصصة.

٢. استشارات للمدرسين لتركيز الاهتمام على معالجة المشكلة .

٣. استشارات للآباء للاهتمام بالطفل ودراسته .

٤. أنواع من العلاج التعليمي -منها مجموعات التقوية .

٥. إفادة الطالب من خدمات التربية الخاصة بالمدرسة إذا وجدت مثل هذه الخدمة (مدرس التربية الخاصة وغرفة المصادر وغيرها).

الفصل السادس

المشكلات النفسية

المشكلات النفسية

هي المواقف الحرجة التي يتعرض لها الطالب فلا يستطيع أن يشبع دوافعه ويحقق أهدافه أو يرضي حاجاته النفسية والفسيولوجية ، فتؤدي به إلى سوء التوافق والتكيف مع نفسه ومع بيئته

أهم المشكلات العدوان الخجل القلق نوبات الغضب الغيرة الخوف الإكتئاب تدني إعتبار الذات اضطرابات الكلام اضطرابات اللزمات قضم الأظافر التدخين.

العـــدوان

هو ضرب من السلوك الاجتماعي غير السوي، يهدف إلى تحقيق رغبة صاحبه في السيطرة.

أسبابه:

١- عدم قدرة الطالب على تكوين علاقات اجتماعية صحيحة.

٢- فقدان الشعور بالأمن والخوف.

٣- شعور الطالب بالفشل والإحباط من حياته المنزلية أو المدرسية.

٤- شعور الطالب بكراهية المعلمين له.

٥- المبالغة في تقييد الحرية،والتدخل في شؤونه الخاصة.

٦- وجود الطالب في جو منزلي متوتر.

٧- تشجيع الأسرة على العدوان،وأخذ الحق باليد.

٨- وجود نقص جسمي، كالخلل في بعض الحواس.

٩- ضعف التحصيل الدراسي.

١٠- حرمان الطالب من حاجاته النفسية والاجتماعية.

١١- تقليد السلوك العدواني لدى الآخرين،كمشاهدة أفلام العنف.

الخدمات الإرشادية:

- إشباع حاجات الطالب النفسية،و إحاطته بالرعاية الاجتماعية،حتى لا يشعر بالحاجة إلى العدوان.

- الاتصال بولي الأمر لإيجاد بيئة منزلية صالحة.

- إشراك الطالب العدواني في مشاهدة الطلاب الآخرين الذين يمارسون سلوكاً وديّاً مقبولاً.

- أن يتحلى المربي الذي يتعامل مع الطالب العدواني بالصبر، ويركن إلى الهدوء، ويتحلى برباطة الجأش،لأنه إذا ثار وفقد أعصابه،كان هو نفسه قد مارس سلوكاً عدوانياً.

- يمكن اللجوء إلى العقاب، حتى يقترن اعتداء الطالب على الآخرين بنتائج سلبية.

- تشجيع الطلاب على المحبة والإيثار بينهم، وتعليمهم حقوق الأخوة الإسلامية،وشروط الصداقة الجيدة.

الـــخـــجـــل

هو الحد من اتصال الطالب بالآخرين.

أسبابه:

١- تقليد الطالب لوالديه.

٢- تدليل الوالدين للطالب،والحماية الزائدة له.

٣- عدم تفهم الوالدين لرغبات ابنهم وحاجاته.

٤- سوء الحالة الاقتصادية.

٥- انعدام الثقة والشعور بالنقص وعدم الكفاءة.

٦- عدم تقبل الآباء لأبنائهم.

٧- تعرض الطالب لمواقف نقد وسخرية.

٨- وجود عاهة جسمية.

٩- ارتفاع درجة القلق، مما يبعده عن المواقف الاجتماعية.

١٠- تعزيز المربين لسلوك الخجل ،وذلك بترديد أنه خجول.

الخدمات الإرشادية:

- بث الثقة في نفس الطالب،وتدريبه على السلوك التوكيدي.

- تقديم المثال الصحيح في علاقاته بالآخرين.

- تهيئة أنشطة اجتماعية،تساعده على التغلب على خجله،كالتمثيل المسرحي.

- مساعدة الطالب الخجول على إيلاف الآخرين بالتدريج.

- الاهتمام بالطالب الخجول ، والإصغاء إليه عندما يندمج في وسط اجتماعي.

- تكليفه بجمع بيانات واستفسارات مع أفراد آخرين.

- تنمية ما يراه المرشد من مقدرة في مجال معين.

الـــقـــلـــق

حالة توتر شامل ومستمر ، نتيجة توقع تهديـد خطر فعـلي أو رمـزي قـد يحدث،ويصحبها خوف غامض ،وأعراض نفسية وجسمية.

الأعراض:

- جسمية: كالضعف ونقص الطاقة والحيوية والنشاط والمثابرة وتوتر العضلات والنشاط الحركي الزائد واللزمات العصبية والتعب والصداع المستمر وشحوب الوجه وسرعـة النبض والخفقـان واضطراب التنفس وعسره وجفاف الحلق ...

- نفسية: الشعور بالكدر والعزلة والعداوة والشعور بالخوف وتوتر الأعصاب والشـك والارتيـاب وضعف القدرة على العمل والإنتاج والإنجاز وسوء التوافق الاجتماعي وسوء التوافق المهني...

الأسباب:

١- الاستعداد الو راثي في بعض الحالات، وقد تختلط العوامل الو راثية بالعوامل البيئية.

٢- الاستعداد النفسي- كالشـعور بالتهديـد الـداخلي والخـارجي ، الـذي تفرضـه بعـض الظـروف البيئية.

٣- الظروف البيئية كاضطراب الجو الأسري وتفكك الأسرة والوالدين القلقين.

٤- مشكلات مراحل النمو المختلفة.

٥- الخبرات الصادمة كالتعرض للحوادث والخبرات الحادة اقتصادياً أو عاطفياً أو تربوياً، والإرهاق الجسمي والتعب والمرض.

٦- الابتعاد عن قراءة القرآن الكريم وأداء الصلاة ومجالسة الأخيار.

الخدمات الإرشادية:

- الإرشاد النفسي، بهدف تطوير شخصيته، وزيادة بصيرته، وتحقيق التوافق، وذلك باستخدام التنفيس والإيحاء والإقناع والتدعيم والمشاركة الوجدانية والتشجيع وإعادة الثقة بالنفس.

- تعديل العوامل البيئية ذات الأثر الملحوظ، مثل تخفيف الضغوط ومثيرات التوتر والعلاج الاجتماعي والرياضي والرحلات والصداقات والعلاج بالعمل.

- العلاج الطبي للأعراض الجسمية المصاحبة.

- العلاج الديني، بالخشوع في الصلاة، وقراءة وسماع القرآن الكريم، والذكر والدعاء المستمر.

نوبات الغضب

الغضب حالة نفسية يشعر بها كل إنسان،ولكن المواقف المثيرة للغضب تختلـف مـن فرد إلى آخر.

مظاهره:

- أسلوب إيجابي مصحوب بالثورة أو الصراخ أو الضرب أو دفع الأبواب أو إتلاف الأشياء...أو مـا شابه ذلك.

- أسلوب سلبي مصحوب بالانسحاب أو الانزواء أو الإضراب عن الكلام...أو ما شابه ذلك.

أسبابه:

١- عوامل جسمية كازديـاد افرازات الغـدة الدرقيـة أو التعـب الشـديد أو قلـة النـوم أو سـوء التغذية أو وجود عاهة أو مرض جسمي.

٢- تذبذب السلطة الضابطة بين أساليب الشدة والتراخي الصادر من شخص واحد.

٣- الشعور بالخيبة الاجتماعية.

٤- شعور الطالب بظلم يقع عليه من المحيطين به.

٥- شعور الطالب بفقدان الأمن والاطمئنان إلى البيئة المحيطة به.

٦- تقييد حرية الحركة الجسمية للطالب .

٧- تقييد حرية التعبير عن الرأي وتقييد إثبات الذات.

٨- تقليد ومحاكاة الآباء الذين يغضبون لأتفه الأسباب، أو نتيجة لكثرة مشاجرات الوالدين أنفسهم.

٩- معاناة الطالب من الغيرة أو القلق أو ضعف الثقة بالنفس أو الانشغال بمسائل جنسيّة.

الخدمات الإرشادية:

- تحديد نوبات الغضب وظروفها،ويستحسن ترك النوبة تأخذ مجراها الطبيعي، وعدم إعارة الطالب الغضبان أي اهتمام بسببها.

- عدم التدخل في أعمال الطلاب بهدف إرغامهم على الطاعة لمجرد الطاعة.

- عدم إظهار الطالب بمظهر العجز أو الاستهزاء أو السخرية منه أو اذلاله أو العمل على تهدئته بالعنف والشدة.

- السماح للطالب بالتعبير عن انفعالاته.

- عدم اغتصاب ممتلكات الطالب أو تخريب أدواته،خصوصا في ساعة الغضب.

- مراعاة ضبط النفس أمام الطالب الغضبان.

- أن يكون جو المدرسة جو عطف وهدوء وتقدير وعدل وثبات في المعاملة.

- إدماج الطالب في أنشطة المدرسة الرياضية والاجتماعية.

- تدريب الطالب على طرق الاسترخاء .

- استخدام الإرشاد الديني في التغلب على الغضب .

الــغـــيـــرة

مركب من انفعالات الغضب والكراهية والحزن والخوف والقلق والعدوان، وتحدث عندما يشعر الطالب بالتهديد،وعندما يفقد الحب والدفء العاطفي.

أعراضها:

الإكتئاب ، التوتر ، الفزع ، الخجل،أحلام اليقظة ،عدم الاتزان الانفعالي.

الأسباب:

١- القصور الجسمي والعاهات وعدم التوافق معها.

٢- الخبرات الأليمة في الطفولة المبكرة والإحباط والقلق.

٣- البيئة المنزلية المضطربة،تفرقة في المعاملة،تسلط شديد.

٤- البيئة المدرسية المضطربة،تهكم المعلمين،العقاب لأتفه الأسباب،المقارنة بالآخرين.

٥- القصور العقلي.

الخدمات الإرشادية:

- معرفة أسباب المشكلة والعمل على حلها.

- الإرشاد الفردي،بإبراز نواحي القوة فيه،تنمية الثقة في نفس الطالب،وتسهيل عملية التنفيس الانفعالي.

- توجيه الأب أو الأم إلى الأسلوب الصحيح في التربية.

- توجيه المعلمين لأساليب التعامل الصحيحة .

الـــخـــوف

انفعال قوي محزّن،ينتج عن إدراك أو توقع خطر معين، مثل الخوف من الذهاب إلى المدرسة،ويختلف عن القلق بأنه أخف،وأنه نتاج لمثير خارجي.

أسبابه:

١- الصدمات المرعبة تؤدي إلى الخوف.

٢- استفزاز الطالب وإساءة معاملته ونقده وتوبيخه.

٣- وجود مرض جسمي.

٤- وجود خلافات عائلية.

٥- أساليب التربية الخاطئة من قسوة ونقد مستمر وتوبيخ.

٦- تغيير في بيئة الطالب.

٧- جذب انتباه الآخرين.

٨- الفشل المتكرر وخيبة الأمل المستمرة.

الخدمات الإرشادية:

- الخوف شيء طبيعي يمكن إزالته والتغلب عليه بعد دراسة أسبابه.
- تعليم الطالب كيفية التغلب على التوتر.
- الاستعانة باللعب لتعويده على المواقف والأمور التي تثير خوفه،حتى يألفها ويتعلم التعامل معها بكفاءة كبيرة.
- تعريض الطالب بشكل تدريجي للمواقف التي يخاف فيها.

- تعويده على مشاهدة وملاحظة الأفراد الذين لا يعانون من الخوف ،ليرى كيف يتعامل هؤلاء مع المواقف المختلفة ،لاتخاذهم كنموذج يقتدى به.

- الممارسة المتواصلة والتمرين المستمر يشعر الخائف بالراحة ويزيلان توتره .

- التمثيل فرصة طيبة للتعبير عن انفعالاته ومخاوفه .

- استعمال الطالب لخياله بصوره إيجابية وتصوره لأشياء محببة يقلل المخاوف لديه

- المدح والمكافأة أمران هامان لا غنى عنهما لتبديد الخوف .

- تعلم الطالب الحديث الصامت والإيجابي مع النفس حيث يحول الشعور بالعجز والخوف الى شعور بالثقة والاستقلالية والكفاءة والهدوء والشجاعة والإيجابية والتصميم .

- يفيد أسلوب الاسترخاء في تقليل الخوف وتهدئة الأعصاب.

- التنفس المنتظم والعد البطيء يؤديان إلى تبديد الخوف وزيادة التركيز وتقوية الانتباه.

- أن يوفر البيت للطالب جواً فيـه الأمـن والاحـترام والحرية للتعبـير عـن مشـاكله وإشراكـه في النقاش وسماع وتقدير آرائه مما يرفع ثقة الطالب في نفسه ،ويزيد من قدرته على مواجهة مواقف الخوف.

الإكتئاب (إيذاء النفس)

هو شعور بالحزن، مقرون غالباً بضعف النشاط، أما أذى النفس فيحدث عندما يحطم أو يؤذي الإنسان نفسه.

الأسباب:

١- وجود خلل جسمي، كعدم توازن الهرمونات، وفقر الدم والفيروسات وعدم انتظام السـكر في الدم.

٢- شعور الطالب بالذنب وأنه فاسد وأنه يستحق العقاب بسبب أفكاره وسلوكه السيئ.

٣- شعور الطالب بظلم الآخرين له.

٤- عدم تعبير الطالب عن مشاعر الغضب، مما يسبب له الاكتئاب.

٥- عجز أو فشل الطالب في حل مشكلاته.

٦- وسيلة للحصول على حب وتعاطف الآخرين.

٧- محاولة للانتقام من الآخرين لتجاهلهم وإهمالهم له.

٨- التعرض للإكتئاب خاصية موروثة، فالأبناء يقلدون آبـاءهم في اكتئـابهم وقـد يرثون الخلـل الجسمي .

٩- الصراعات العائلية تولد شعوراً بالاكتئاب عند بعض الأبناء.

١٠- حدوث أزمة حادة كوفاة شخص عزيز.

الخدمات الإرشادية:

- إقامة علاقة مع الطالب إيجابية وواضحة.

- تشجيع الطالب على التعبير عن مشاعره وسماع مشكلاته وتفهم آرائه.

- التعرف على أفكار الطالب والعمل على تغييرها.

- رفع الشعور بالفاعلية والكفاءة والاستقلالية عند الطالب.

- تعليمه وسائل حل المشكلات،واكتساب الشعور بالرضا عن النفس.

- إشراكه في أنشطة ممتعة يكتسب من ورائها خبرات مختلفة مثل الرحلات والرياضة.

- ينبغي على المربي ترك العبارات التي تتضمن السلبيات مثل:أنت فاشل،لن تنجح...،واستبدالها بكلمات مبنية على الثقة والتفاؤل.

- القضاء على السلوك الخاطىء كاعتذار الطالب عن عمله الخاطىء،وإصلاح الخطأ،أو أن يقوم بعمل آخر جزاء سلوكه الخاطىء.

- تحسين أو تغيير ظروف بيئته ومعيشته.

- تحويل الطالب إلى الطبيب النفسي، شريطة ألا تهمل الطرق السابقة أثناء تناول الأدوية.

تدني اعتبار الذات

انخفاض في تقدير الفرد لنفسه ورضاه عنها

الأسباب:

١- الحماية الزائدة من الوالدين، تجعل الطالب ضعيف الشخصية،معتمدا على الآخرين.

٢- إهمال الوالدين للابن وعدم الاهتمام به، والتقصير نحوه،يؤثر سلباً على مشاعره ونظرته حول نفسه.

٣- حرص الآباء على وصول ابنهم إلى قمة النجاح،مما يصعب على الابن تحقيق ذلك،فيقوده إلى الفشل واليأس واحتقار نفسه.

٤- أسلوب الوالدين في التربية، فالقسوة والشدة ونبذ التفاهم، تجعل الطالب يشعر أنه لا قيمة له أبداً.

٥- إذا كانت نظرة الوالدين إلى نفسيهما ينقصها التقدير والاعتبار؛كانا نموذجين سيئين للأبناء.

٦- وجود نقص جسمي؛ يقلل من تقديره لنفسه.

٧- الأفكار الخاطئة تؤدي إلى سلوكيات سلبية، فشعور الطالب بالنقص مع زملائه،اعتقاد خاطيء،قد يكون عاملاً هاماً يحدد سلوكه طوال حياته.

الخدمات الإرشادية:

- حث ولي الأمر على رفع كفاءة الطالب وتعويده على الاعتماد على نفسه.

- التركيز على إيجابيات الطالب ونقاط القوة والصفات الحميدة بمدحه وتقديره واحترامه،وعدم التركيز على سلبياته أو الاستهزاء به،أو السخرية من تصرفاته.

- تعويد الطالب للحديث عن نفسه أحاديث إيجابية،كأن يقول إنه قادر على النجاح،وأن يبتعد عن تعبيرات العجز والفشل.

- حث الطالب على بذل قصارى جهده دون النظر إلى النتائج.

- تزويد الطالب بخبرات وتجارب إيجابية،مثل إشراكه في أنشطة المدرسة،لرفع معنوياته وثقته بنفسه.

- مساعدة الطالب على تحقيق أهدافه، والقيام بواجباته .

- الحصول على المعرفة والسيطرة على الذات تعتبر مكافآت تقود إلى الرضا عن النفس وترفع المعنويات.

اضطرابات الكلام

وهي عدم قدرة الطالب على الكلام الطبيعي.

أنواعها:منها تـأخر الكلام،بـطء أو سرعـة الكلام،قلـة الكلام،التـزام الصـمت،(ابـدال السـين والزاي)،الخنخنه(كأنه يعاني من زكام دائم)،اللجلجة أو التلعثم (الأكثر شيوعاً).....

الأسباب:

أسباب جسمية : خلل الجهاز العصبي المركزي،إصابة المراكـز الكلاميـة في المخ،وجـود عيـوب في أجهزة الكلام من حنك وأسنان ولسان وشفتين

وفكين، وجود عيوب في السمع، إجبار الأعسر على الكتابة باليد اليمنى، وجود ضعف عقلي.

أسباب نفسية : القلق والتوتر،الخوف المكبوت،الانطواء،ضعف الثقة بالنفس،العدوان المكبوت،إصابته بصدمات انفعالية،افتقاره إلى العطف والحنان.

أسباب اجتماعية : سوء التوافق في الأسرة،أسلوب التربية الخاطيء من قسوة أو رفض أو إهمال،تقليد مصاب آخر،تعدد اللهجات واللغات في وقت واحد،الاعتماد الزائد على الغير.

الخدمات الإرشادية:

- النظر إلى الحالة الواحدة نظرة فردية،لأن الأعراض الواحدة قد ترجع إلى عوامل مختلفة،والنظر إلى جميع جوانبها الشخصية.

- معالجة الأسباب الجسمية،لإجراء بعض العمليات الجراحية في حالة الزوائد الأنفية أو التهاب اللوزتين أو ترقيع سقف الحلق... و لا يوجد علاج دوائي لهذه الاضطرابات.

- مساعدة الطالب على تقبل مشكلته،وإعادة ثقته بنفسه، وتشجيعه على ممارسة الكلام،وحل الصراعات الانفعالية التي تسبب المشكلة..

- استخدام طرق الإرشاد النفسي،منها طريقة اللعب والإيحاء والإقناع والاسترخاء والتعزيز والتنفير.

- الاهتمام بالعلاج الكلامي،حسب الحالة،ويشمل:تعليم الكلام من جديد أمام مـرآه أو بواسطة جهاز التسجيل ،والتدريب على تمرينات التنفس،وتنظيم سرعة الكـلام بـالتروي والتأمـل،وتطبيق التمرينات الإيقاعية مثل النطق بالمضغ الرقمي والنقر باليد.

- إرشاد الأسرة إلى تجنب الإحباط والعقاب مع الطالب، وعدم إجباره على الكتابة باليد اليمنى.

- ملاحظة عدم السخرية والضحك على طريقة الطالب في الكلام.

اضطراب اللزمات

وهي تكرار بعض الحركات والأصوات لاإرادياً بصـورة مفاجئـة وسريعـة علـى وتيـرة واحدة، وبصورة مستمرة.

أشكالها:

رمش العين،هز الكتفين أو الرأس أو القدم،تكشير أو تقطيب الوجه ،عض الشفة، إصدار أصوات من الفم والأسنان ،النحنحة،عمل تنهدات، تكرار كلمات أو جمل خالية من المعنـى،أو استخدام عبارات غير مقبولة.

الأسباب:

١- وجود مرض جسمي.

٢- عَرَض لاستخدام عقار طبي.

٣- الشعور بالإحباط وارتفاع مستوى القلق والتوتر.

٤- تقليد لشخص آخر.

الخدمات الإرشادية:

- عدم السخرية منه أو تأنيبه،ومناقشة أفكاره.

- تعويد الطالب على الاسترخاء والراحة.

- تعليم الطالب الممارسة السالبة إرادياً لعدة دقائق وعدة مرات،حتى يسيطر عليها ويتخلص منها.

- استخدام أسلوب الإشراط بحيث ترتبط اللزمة بعقاب معين في حالة صدورها وممارستها .

قضم الأظافر

عادة تلقائية لا شعورية تتمثل في قضم المادة المكونة للأظافر في اليدين بإستخدام الأسنان .

مـن الأسـباب الرئيسية لقضم الأظـافر التـوتر والقلـق والعصبية والعدوانيـة وتقليـد الآخرين.

الخدمات الإرشادية:

- جلسات التنفيس الانفعالي لمواقف الخوف والغضب والغيرة وغيرها .

- تقليم الأظافر وقصها وعدم تركها تطول .

- عدم تحقير الطالب أو توبيخه وزيادة دافعيته في التغلب على هذه العادة .

- تسجيل المواقف التي تسبق ممارسة قضم الأظافر ،وتدوينها في سجل خـاص، ثـم العمـل عـلى التعامل معها بايجابية .

- مكافأة الطالب إذا اقلع عنها ، وإذا عاد إليها يعاقب عقاباً خفيفاً.

- ممارسة العادة أمام مرآة عدة مرات لمدة من الزمن،مما يجعله يسيطر عليها إرادياً.

- تعويده على ممارسة نشاطات عندما يوشك على قضم أظافره.

- الراحة والهدوء والاسترخاء؛ من الأمور المفيدة والناجحة للتغلب والقضاء على هذه العادة.

- لبس القفاز لفترة زمنية لحين التخلص من هذه العادة .

- ربط هذه العادة بأشياء منفرة كطلاء الأظافر بمادة غير محببة .

الــتــدخـيــن

عادة خطيرة،تؤثر على سلوك واتجاهات الطالب ،وقد تؤدي إلى المخدرات.

الأسباب:

١- ضعف الوازع الديني.

٢- ضعف الرقابة الأسرية.

٣- مصاحبة قرناء السوء.

٤- تقليد من حوله من بعض الآباء والمعلمين.

٥- وجود مشكلة أو اضطراب نفسي يعاني منه.

٦- توفر المال بيد الطالب.

٧- أسلوب التربية الخاطيء في المنزل.

٨- اعتقاد الطالب أن التدخين وسيلة لتهدئة الأعصاب،أو لإثبات الشخصية،أو وسيلة تسلية.

الخدمات الإرشادية:

- القدوة الحسنة من المربين، وعدم التدخين أمامهم.

- تكثيف التوعية المستمرة طوال العـام بـأضرار التـدخين، وبيـان حرمتـه الشرعية،ووضـع صـور منفرة تبين خطورته.

- حصر الطلاب المدخنين في المدرسة،وعقد جلسات إرشاد فردي وإرشادجماعي .

- ملاحظة ومتابعة الطلاب المدخنين أثناء الفسحة، وعند ذهابهم إلى دورات المياه.

- تعريف الطلاب بعيادة مكافحة التدخين.

- توجيه الطالب المدخن إلى حلقات تحفيظ القرآن الكريم، ومجالسة الصالحين.

- تنمية الإرادة القوية.

- الإكثار من أحاديث الذات:التدخين مضر وحرام،سوف أتركه،استطيع التخلص منه كغيري.....

- تعزيز سلوك الامتناع عن التدخين.

- تعليم الطالب أسلوب الاسترخاء.

- إشراكه في أنشطة المدرسة الرياضية.

- الممارسة السالبة (تكرار التدخين لفترة حتى ترتبط بالألم) .

- استخدام أسلوب الإشراط (ربط التدخين بخبرة سيئة كالإستفراغ والدوخة)

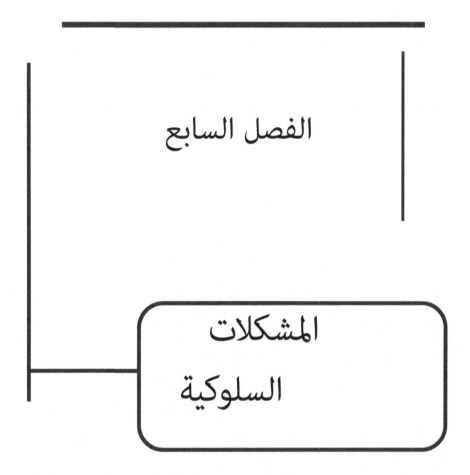

الفصل السابع

المشكلات
السلوكية

المشكلات السلوكية

وهي المشكلات التي تعبر عن بعض مظاهر انحراف الأحداث التي لها طابع إجرامي أو التي تتضمن انتهاكاً للقوانين الشرعية أو العادات والتقاليد والأعراف، و من أهم المشكلات السرقة الكذب التخريب العناد الانحرافات الجنسية

السرقة

هي استحواذ الطالب على ما ليس له فيه حق،وبإرادة منه،أو بدون إرادة، أو بإرادة من الآخرين.

أسبابها:

١- القسوة في المعاملة الوالدية والعقاب المتطرف، والتدليل الزائد؛تسهم في لجوء الطالب إلى السرقة.

٢- رغبة الطالب في الحصول على مركز وسط الأقران الذين يقللون منه،تدفعه إلى السرقة لشراء ما يستطيع أن يتفاخر به أمامهم.

٣- السرقة من أجل تقديم معونة،أو شراء مستلزم مدرسي.

٤- وجود توتر شديد يدفعه إلى السرقة،والشعور بالهدوء عند اقترافها.

٥- الرغبة في الانتقام من الوالدين والمعلمين والأصدقاء.

٦- وسيلة لتلبية الاحتياجات الشخصية.

٧- الغيرة من امتلاك بعض زملائه لأشياء لا يستطيع الحصول عليها.

٨- وجود الطالب وسط جماعة تمارس السرقة.

٩- مشكلات التوافق النفسي .

الخدمات الإرشادية:

-تحديد نوع السرقة التي يقبل عليها، والعوامل الكامنة خلفها، وهل هي عارضة أو متكررة، ونوع الأشياء التي يسرقها.

-تعميق الوازع الديني في نفس الطالب، وبيان عقوبة السارق في الدنيا والآخرة.

-تعليم الطالب الاعتماد على النفس وتحمل المسؤولية واحترام حقوق الآخرين.

-ردع الطالب عن فعل السرقة، وعدم التهاون معه حتى ولو كان الأمر صغيراً، لأن الأمور الصغيرة تتطور إلى أمور خطيرة.

-مساعدة الطالب على اختيار الرفاق الصالحين.

-مساعدة الطالب في توفير ما يحتاج إليه.

-عقد الجلسات الإرشادية لتحقيق التوافق النفسي.

الكـــذب

هو تجنب قول الحقيقة أو تحريف الكلام أو ابتداع ما لم يحدث مع المبالغة في نقل ما حدث أو اختلاق وقائع لم تقع .

أشكال الكذب :

الكذب الخيالي :

سببه : حتى يجد الطالب نفسه بين الآخرين و لا يتجاهله أحد .

هدفه : الشعور بالنجاح وتحقيق الذات وتحقيق رغبات ليست في الواقع .

مثال : ابتداع مواقف وقصص لا أساس لها من الواقع .

الكذب الالتباسي:

سببه : عندما تلتبس عليه الحقيقة ولا تساعده ذاكرته على التفاصيل.

هدفه : يحذف أو يضيف بما يتناسب مع امكاناته العقلية .

الكذب الادعائي :

سببه : ادعاء الطالب المرض حتى لا يذهب إلى المدرسة .

هدفه : الحصول على قسط اكبر من الرعاية والاهتمام والعطف .

كذب التفاخر :

سببه : الشعور بالنقص فيلجأ ا لى التعويض بتفخيم الذات أمام الآخرين.

هدفه : تعزيز المكانة وسط الآخرين أو الرغبة في السيطرة .

مثال : ادعاء الغنى لأسرته ، والمنصب الكبير لوالده .

الكذب الدفاعي :

سببه : التخلص من موقف حرج فينسب الأحداث لغيره .

هدفه : منع العقوبة التي سوف تقع عليه .

مثال : اتهام الطالب لزميله بكسر الزجاج.

الكذب بالتقليد :

سببه : تقليد المحيطين به من الذين يتخذون هذا السلوك في تعاملاتهم.

مثال : تقليد الطفل أسلوب المبالغة الذي يبدو من الوالدين أو أحدهما.

كذب اللذة :

سببه : حينما يرى الطالب انه يستطيع خلط الأمور على المربي.

هدفه : السخرية،أو مقاومة سلطته الصارمة .

الكذب الكيدي :

سببه : إحساس الطالب بالظلم او الشعور بالغيرة الذي يسيطر عليه لتفوق الآخرين عليه .

هدفه : استفزاز ومضايقة من حوله .

كذب عدواني سلبي :

سببه : انتحال أعذار غير حقيقية أو مبالغ فيها .

هدفه : حتى يظل سلبياً عندما يطلب منه عمل شي اوتحقيق هدف مطلوب منه.

كذب جذب الانتباه :

سببه : حينما يفتقد الطالب اهتمام من حوله رغم سلوكياته الصادقة أو السوية.

هدفه : اللجوء إلي السلوك غير الصادق لكي ينال الاهتمام والانتباه.

الكذب المرضي :

سببه : الكذب بطريقة لا شعورية خارج عن إرادته أو بطريقة متعمدة مرتبطة باضطراب سلوكي.

هدفه : السرقة ، أو الهروب من المدرسة

الأسباب العامة:

١- ممارسة الأسرة أسلوب الكذب في تعاملاتها اليومية .

٢- انفصال الوالدين والحياة الجديدة للطالب سواء مع الأب أو مع الأم أو التفرقة بين الأبناء

٣- هروب من العقوبة .

٤- الشعور بالنقص،وفقدان الثقة بالنفس.

٥- تصديق المربي قول الطالب دون تحري الحقيقة .

٦- عرض أعمال في المدرسة تحمل مسمى عمل الطالب وهي ليست من عمله.

٧- تكليف الطالب بأعباء ومتطلبات صعبة التحقيق .

٨- كثرة المتطلبات المدرسية.

٩- عدم تنظيم الطالب لوقته.

الأساليب الإرشادية للمرشد :

-بيان عقوبة الكاذب عند الخالق سبحانه وتعالى.

-ممارسة السلوكيات الصادقة في الأسرة والمدرسة .

-البعد عن السخرية من الطالب او تأنيبه لأتفه الأسباب .

-عدم معاقبة الطالب إذا اعترف بكذبه.

-أن يوضح للطالب الفرق بين الخيال والحقيقة .

-البعد عن القسوة عند ارتكاب الأخطاء من قبل الصغار أو التحقير أو التفرقة في معاملة الأبناء

-تعديل بيئة الطالب وتحقيق حاجاته .

التخريب

هو رغبة الطالب في تدمير وإتلاف الممتلكات العامة والخاصة.

الأسباب:

١- النشاط والطاقة الزائدة مع عدم توفر الطرق المنظمة لتصريف تلك الطاقة.

٢- حب الاستطلاع والميل إلى معرفة طبيعة الأشياء.

٣- النمو الجسمي الزائد،مع انخفاض مستوى الذكاء.

٤-شعور الطالب بالنقص أو الظلم،فيندفع إلى دروب الانفتاح لإثبات الذات.

٥- شعور مكبوت بالضيق من النفس وكراهية الذات.

الخدمات الإرشادية:

-دراسة الحالة بعناية ودقة،لتحديد مدى ونوعية وأسباب التخريب.

-إعطاء الطالب الفرصة في اللعب الموجه.

-يحتاج الطالب إلى حزم بغير عنف،ومرونة بدون ضعف.

-إشباع حاجة الطالب إلى الاستطلاع.

الـعـنـاد

هو موقف سلوكي يتخذه الطالب كتعبير منـه لـرفض آراء الآخرين، ويتميـز بـالإصرار وعدم التراجع، حتى في حالة الإكراه، ويبقى محتفظا بموقفه داخلياً.

الأسباب:

١- رغبة الطالب في تأكيد ذاته.

٢- تقييد حركته، ومنعه من اللعب ومزاولة ما يحب من نشاط.

٣- إرغامه على إتباع نظم معينة غير مقتنع بها .

٤- تدخل الآباء والمعلمين في حياته بصفة مستمرة بدون مبرر.

٥- الرغبة في جذب انتباه الآخرين حوله.

٦- غياب أحد الوالدين أو كلاهما، وأثر ذلك على حياة الطالب الانفعالية.

٧- شعور الطالب بالاحباط والتوتر والقلق يؤدي إلى العناد المستمر.

٨- وجود نزاع بين الوالدين.

٩- عدم توفر الرعاية الكافية للطالب.

١٠- التذبذب في معاملة الطالب .

الخدمات الإرشادية:

-عدم مقابلة العناد بالمقاومة المستمرة، فالعناد لا يقاوم العناد.

-عدم التدخل المستمر والشديد في شؤون الطالب الخاصة وفي نشاطه.

-التخفيف من حدة تطبيق النظم القاسية،التي لا تتمشى مع مرحلة الطالب العمرية.

-توخي الصبر في علاج العناد، وعدم الشكوى من الطالب أمام الآخرين،حتى لايزداد عناده.

-توفير جو أسري مليء بالعطف والحنان والثقة والطمأنينة.

-عدم التذبذب في معاملة الطالب، وذلك لضمان الاستقرار النفسي.

-الإقلال من تعريض الطالب للخبرات المؤلمة، التي تبعث في نفسه مشاعر التوتر والقلق،وتدفعه إلى العناد باستمرار.

-عدم مقارنته بأقرانه.

الانحرافات الجنسية

مظاهرها:

اللواط، العادة السرية، الألفاظ البذيئة، الحركات غير السوية...

الأسباب:

١- سوء التربية في المنزل.

٢- ضعف الوازع الديني لدى الأسرة والطالب.

٣- وجود خبرات شاذة وأليمة أو تعرض الفرد للإساءة الجنسية مثلاً.

٤- انعدام الرقابة الأسرية أو تخاذلها أو ضعفها.

٥- الصحبة السيئة ورفاق السوء.

٦- اختلال في التكوين الغددي.

٧- عدم النضج الانفعالي.

٨- توفر المثيرات الجنسية وكثرتها.

الخدمات الإرشادية:

-توعية الطلاب بأضرار الانحرافات الجنسية.

-نشر الوعي الديني بين الطلاب.

-تشجيع الميول والهوايات العملية.

-حماية الطالب من وسائل الإثارة المتعددة (قصص , مجلات , أفلام ,)

-تنمية شخصية الطالب نحو النضج،وتعليمه التحكم في النفس وضبطها،وتكوين اتجاهات سليمة نحو نفسه ونحو الآخرين.

-استخدام بعض طرق الإرشاد السلوكي في تعديل هذه الانحرافات،كالإشراط السلبي.

-إشغال وقت فراغ الطالب .

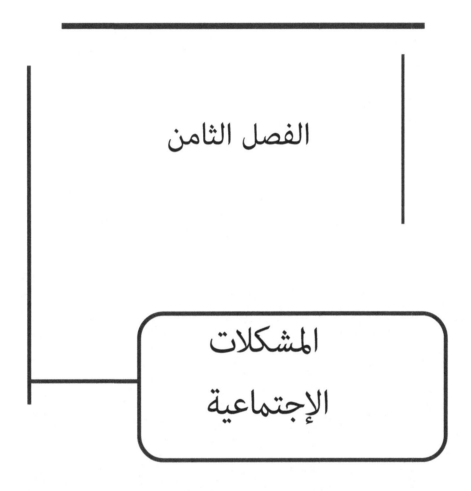

الفصل الثامن

المشكلات الإجتماعية

المشكلات الاجتماعية

هي تلك الصعوبات ومظاهر الانحراف والشذوذ في السلوك الاجتماعي، ومظاهر سوء التكيف الاجتماعي السليم التي يتعرض لها الطالب فتقلل من فاعليته وكفايته الاجتماعية ، وتحد من قدرته على بناء علاقات اجتماعية ناجحة مع الآخرين .

عدم القدرة على تكوين الأصدقاء والاحتفاظ بهم (الخجل)

مشكلة الخجل التي يعاني منها بعض الأطفال هي خلل يجب على الأبوين والمربين مواجهته، وتداركه، فكثير من الأطفال يشبون منطوين على أنفسهم خجولين يعتمدون اعتماداً كاملاً على والديهم ويلتصقون بهم، لا يعرفون كيف يواجهون الحياة منفردين ويظهر ذلك بوضوح عند التحاقهم بالمدرسة.

فالخجل هو انكماش الولد، وانطواؤه، وتجافيه عن ملاقاة الآخرين، أما الحياء فهو التزام آداب الإسلام، فليس من الخجل في شيء أن يتعود الطفل منذ نشأته على الاستحياء من اقتراف المنكر، وارتكاب المعصية، أو أن يتعود الولد على توقير الكبير، وغض البصر عن المحرمات، وليس من الخجل في شيء أن يتعود الولد منذ صغره على تنزيه اللسان بأن يخوض في باطل أو يكذب، أو يغتاب، وعلى فطم البطن عن تناول المحرمات، وعلى صرف الوقت في طاعة الله، وابتغاء مرضاته، وهذا المعنى من الحياء هو ما أوصى به رسول الله صلى الله عليه وسلم حين قال فيما رواه الترمذي: (استحيوا من الله حق الحياء) .

صفاته :

الطفل الخجول طفل مسكين يعاني من عدم القدرة على الأخذ والعطاء مع أقرانه في المدرسة والمجتمع، وبذلك يشعر عند المقارنة مع غيره من الأطفال بالضعف.

والطفل الخجول يحمل في طياته نوعاً من ذم سلوكه، لأن الخجل في حد ذاته حالة عاطفية أو انفعالية معقدة تنطوي على شعور بالنقص، هذه الحالة لاتبعث الارتياح والاطمئنان في النفس وهو غالباً ما يتعرض لمتاعب كثيرة عند دخوله للمدرسة تبدأ بالتهتهة وتردده في طرح الأسئلة داخل الفصل، وإقامة حوار مع زملائه والمدرسين، وغالباً ما يعيش منعزلاً ومنزوياً بعيداً عن رفاقه، وألعابهم، وتجاربهم.

كما يشعر دوماً بالنقص، والدونية، ويتسم سلوكه بالجمود، والخمول في وسطه المدرسي والبيئي عموماً، وبذلك ينمو محدود الخبرات غير قادر على التكيف السوي مع نفسه أو مع الآخرين واعتلال صحته النفسية، فضلاً عن أنه يبدو أنانياً في معظم تصرفاته لأنه يسعى إلى فرض رغباته على من يعيشون معه وحوله، كما يبدو حساساً وعصبياً ومتمرداً لجذب الانتباه إليه، و٢٠% من الخجل يتكون عند الأطفال حديثي الولادة وتحدث لهم أعراض لا يعاني منها الطفل العادي، فمثلاً الطفل المصاب بالخجل يدق قلبه في أثناء النوم بسرعة أكبر من مثيله، وفي الشهر الرابع يصبح الخجل واضحاً في الطفل إذ يخيفه كل جديد ويدير وجهه ويغمض عينيه أو يغطي وجهه بكفيه إذا تحدث شخص غريب إليه، وفي السنة الثالثة يشعر الطفل بالخجل عندما يذهب إلى دار غريبة إذ غالباً ما يكون بجوار أمه يجلس هادئاً في حجرها أو بجانبها.

(الخــــوف الاجـــــتماعي)

الإرتباك عند مقابلة الآخرين

إن ما يقارب من ١٠% من الناس يرهبون المناسبات الاجتماعية مـما يـؤثر سـلبيا عـلى حياتهم الاجتماعية والتعليمية والعملية وعلاقاتهم الشخصية بصورة كبيرة. ولكن هـل تعلـم أن لهذه الحالات علاج جيد وفعال؟ لعلك تجد المساعدة لدى الطبيب النفسي.

الأسباب :

١- الخوف من أن يكون مركز اهتمام ونظر الآخرين.

٢- الخوف من الإحراج أمام الآخرين .

٣- يحاول غالبا تجنب أي من المواقف التالية:

٤- التحدث في الإجتماعات العائلية أو المدرسية

٥- الحديث مع الوالدين أو المعلمين

٦- الأكل أو الشرب أو الكتابة أمام الآخرين

٧- حضور الحفلات

حينما يتعرض لأي موقف من المواقف المذكورة أعلاه، هل يعـاني مـن الخجـل واحمـرار الوجـه، الارتعاش، الاضطراب، الخوف من الاستفراغ أو الشـعور المفـاجئ بالرغبـة إلى الـذهاب إلى دورة المياه؟

إذا كانـت الإجابـة لأي مـن الأسئلة ١ أو ٢ أو ٣ بـنعم فهنـاك احـتمال أنـه يعـاني مـن الخـوف الاجتماعي. وإذا كانـت الإجابـة أيضـا للسـؤال رقـم ٤ بـنعم فإنـه بالتأكيـد يعـاني مـن الخـوف الاجتماعي.

ما هو الإرتباك (الخوف) الاجتماعي؟

الإرتباك (الخوف) الاجتماعي حالة طبية مرضية مزعجة جدا تحدث في ما يقارب واحد مـن كـل عشرة أشخاص، وتؤدي إلى خـوف شـديد قـد يشـل الفـرد أحيانا ويتركز الخـوف في الشـعور بمراقبـة الناس.

إن هـذا الخـوف أكبـر بكثيـر مـن الشـعور العـادي بالخجـل أو التـوتر الـذي يحـدث عـادة في التجمعات بل إن الذين يعانون من الإرتباك (الخوف) الاجتماعي قد يضطرون لتكييف جميـع حياتهم ليتجنبوا أي مناسبة اجتماعية تضعهم تحت المجهر. إن علاقـاتهم الشخصية ومسيرتهم التعليمية وحياتهم العملية معرضة جميعها للتأثر والتدهور الشديد. وكثير من المصابين يلجأون إلى الإدمان على الكحول أو المخدرات لمواجهة مخاوفهم.

تبدأ عادة حالة الإرتباك (الخوف) الاجتماعي أثناء فترة المراهقة وإذا لم تعالج فقد تستمر طوال الحياة وقد تجر إلى حالات أخرى كالاكتئاب والخوف من الأماكن العامة والواسعة.

ما هي الأعراض؟

تسبب حالة الإرتباك (الخوف) الاجتماعي أعراضا مثل احمرار الوجه، رعشة في اليدين، الغثيان، التعرق الشديد، والحاجة المفاجأة للذهاب للحمام. إذا كنت تعاني من الإرتباك (الخوف) الاجتماعي فمن المحتمل أنك تعاني من واحد أو أكثر من هذه الأعراض عندما تتعرض للمناسبة الاجتماعية التي تسبب الخوف. وفي بغض الحالات مجرد التفكير في تلك المناسبات يحدث القلق والخوف. إن المحاولة الجاهدة لمنع حدوث الأعراض قد تدفع المريض إلى تجنب هذه المناسبات بصورة نهائية مما يكون مدمرا للحياة الاجتماعية أيضا.

هل يمكن علاج الإرتباك (الخوف) الاجتماعي؟

نعم وبالتأكيد إن طبيبك يمكنه أن يساعدك بالعلاج الدوائي أو بالعلاج السلوكي أو بهما معا. ونطمئنك أن آلافا ممن يعانون من الإرتباك (الخوف) الاجتماعي قد تحسنوا على هذا العلاج.

الخدمات الإرشادية :

- تعلم وتعرف بعمق عن هذه الحالة.

- تقبل واعترف بأنها مشكلة حقيقية، لأن الإرتباك (الخوف) الاجتماعي ليس نوعا سيئا من الخجل ولكنه حالة مرضية ويجب أن نتعامل معها بجدية.

- كن متفهما - وأعلم أن إتاحة الفرصة الطالب لشرح مشكلته سيساعده ليشعر بعدم العزلة وأن لا يخجل من حالته.

- لا تعتبر هذه الحالة خطأ لأحد معين وتلقي باللوم عليه أو على نفسك أو على المريض.

- شجع أهل الطالب بلطف ليراجعو الطبيب المختص. واعترف أن هـذا القرار صعب بحكم طبيعـة الحالة المرضية والتي تجعل الطالب يرتبك من طلب المساعدة من الناس الغرباء ومنهم أهله.

- شجع أهل الطالب من بداية العلاج أن يستمروا ويواصلوا عليه وأظهر تقديرك وإعجابك بـأي تحسن يطرأ مهما كان قليلا.

- عندما يبدأ تأثير العلاج فإن ذلك سيشجع الطالب أن يبدأ بمواجهة المناسبات الاجتماعية المثيرة للخوف والإرتباك وهنا فإن دعمك وتفهمك له مهم جدا.

- في المنزل ينصح الطالب ويشجع أن يواصل حياته اليومية بشكل طبيعي بقدر الإمكان ولهذا فلا يجب على الأهل أن يكيفو حياتهم لتتمشى مع مخاوفه وقلقه.

العنف المدرسي

(المظاهر، العوامل، بعض وسائل العلاج)

تحديد المفهوم :

العنف، بصفة عامة، قضية كبرى، عرفها الإنسان منذ بدء الخليقة(قتـل قبيـل لهابيـل). كـما أنـه أحد القوى التي تعمل على الهدم أكثر من البناء في تكوين الشخصـية الإنسانية ونموهـا، وهـو انفعال تثيره مواقف عديدة، ويؤدي بالفرد إلى ارتكاب أفعال مؤذية في حق ذاته أحيانا وفي حق الآخرين أحياناً أخرى...

ولقد أسهب الباحثون في تحديد مفهوم العنف كل من زاويته الخاصة، حيث يعرفه جميل صليبا، في معجمه الشهير:"المعجم الفلسفي"، بكونه فعل مضاد للرفق، ومرادف للشدة والقسوة. والعنيف(Violent) هو المتصف بالعنف. فكل فعل يخالف طبيعة الشيء، ويكون مفروضاً عليه، من خارج فهو، بمعنى ما، فعل عنيف. والعنيف هو أيضاً القوي الذي تشتد سورته بازدياد الموانع التي تعترض سبيله كالريح العاصفة، والثورة الجارفة. و العنيف من الميول:«الهوى الشديد الذي تتقهقر أمامه الإرادة، وتزداد سورته حتى تجعله مسيطراً على جميع جوانب النفي، والعنيف من الرجال هو الذي لا يعامل غيره بالرفق، ولا تعرف الرحمة سبيلاً إلى قلبه، وجملة القول إن العنف هو استخدام القوة استخداماً غير مشروع، أو غير مطابق للقانون.

أما في معجم «قاموس علم الاجتماع»، فإن العنف يظهر عندما يكون ثمة فقدان «للوعي لدى أفراد معينين أو في جماعات ناقصة المجتمعية. وبهذه الصفة يمكن وصفه بالسلوك«اللاعقلاني.» في حين يرى بول فولكي في قاموسه التربوي أن العنف هو اللجوء غير المشروع إلى القوة، سواء للدفاع عن حقوق الفرد، أو عن حقوق الغير«كما أن العنف لا يتمظهر بحدة إلا في وجود الفرد/المراهق في مجموعة ما». أما أندري لالاند فقد ركز على تحديد مفهوم العنف في أحد جزئياته الهامة، إنه عبارة عن«فعل، أو عن كلمة عنيفة». وهذا ما يدخل في نطاق العنف الرمزي...فأول سلوك عنيف هو الذي يبتدئ بالكلام ثم ينتهي بالفعل. وهكذا فتحديدات العنف تعددت واختلفت، إلا أن الجميع يقرُّ على أنه سلوك لا عقلاني، مؤذي، غير متسامح...

العوامل المولدة للعنف لمدرسي :

إذا كان العنف المدرسي ليس وليد الساعة طبعاً، فإن حدته ارتفعت وأصبحت بادية للعيان، فقد باتت الأوضاع الأمنية بمؤسساتنا التعليمية تدعو إلى القلق، وهي ظاهرة تكاد تمس أغلب هذه المؤسسات؛ لأنها مرتبطة في نظر العديد من الباحثين بعدة عوامل، نسرد الأساسي منها:

أ ـ عوامل ذات صلة بالظروف الاجتماعية

تسجل ظواهر العنف المدرسي بحدة مؤسساتنا التعليمية الموجودة في مناطق معزولة وكذا في الأحياء الهامشية. إذ تظل الظروف الاجتماعية من أهم الدوافع التي تدفع التلميذ للممارسة فعل العنف داخل المؤسسات التعليمية. إذ في ظل مستوى الأسرة الاقتصادي المتدني، وانتشار أمية الآباء والأمهات، وظروف الحرمان الاجتماعي والقهر النفسي والإحباط...كل هذه العوامل وغيرها تجعل هؤلاء التلاميذ عرضة لاضطرابات ذاتية وتجعلهم، كذلك، غير متوافقين شخصياً واجتماعياً ونفسياً مع محيطهم الخارجي؛ فتتعزز لديهم عوامل التوتر، كما تكثر في شخصيتهم ردود الفعل غير المعقلنة، ويكون ردهم فعلهم عنيفاً في حالة ما إذا أحسوا بالإذلال أو المهانة أو الاحتقار من أي شخص كان.

وهنا يجب التركيز على دور التنشئة الاجتماعية وما تلعبه من أدوار طلائعية في ميدان التربية والتكوين، فعندما تعمل التنشئة الاجتماعية على تحويل الفرد ككائن بيولوجي إلى شخص ككائن اجتماعي، فإنها، في الوقت نفسه، تنقل ثقافة جيل إلى الجيل الذي يليه، وذلك عن طريق الأسرة والمدرسة والمؤسسات الاجتماعية الأخرى. فالتنشئة الاجتماعية من أهم الوسائل التي

يحافظ بها المجتمع عن خصائصه وعلى استمرار هذه الخصائص عبر الأجيال، وهذه التنشئة هي التي تحمي التلميذ من الميولات غير السوية والتي قد تتبدى في ممارسة فعل العنف الذي يتسبب، بالدرجة الأولى، في أذى النفس أولاً وأذى الآخرين ثانياً.

ومن هذا المنطلق، وجب التأكيد على أن التربية«ليست وقفاً على المدرسة وحدها، وبأن الأسرة هي المؤسسة التربوية الأولى إلى حد بعيد في تنشئة الأطفال وإعدادهم للتمدرس الناجح، كما تؤثر في سيرورتهم الدراسية والمهنية بعد ذلك...». فهل ما يزال هذه الجدل قائما بين مؤسساتنا التعليمية وباقي المؤسسات الاجتماعية الأخرى(الأسرة على الخصوص...)؟

وعلى الرغم من أهمية التنشئة الاجتماعية ودورها الفاعل في تغيير ميولات التلميذ غير السوية، فإن التباين حول إمكانات التنشئة الاجتماعية وحدودها لا زال إشكالاً فلسفياً قائماً، تعبر عنه بوضوح جملة من الأسئلة الإشكالية العامة من قبيل: هل بمقدور التنشئة الاجتماعية أن تحقق الهدف المطلوب، بصورة كافية، في أوساط أسرية متفككة، فقيرة ومقهورة ؟ و هل يمكن الحديث عن تنشئة اجتماعية في ظل غياب أولياء الأمور عن تتبع المسار الدراسي لأبنائهم؟ وبعبارة مختصرة، هل للتنشئة الاجتماعية ذلك المفعول القوي حتى في حالة تلميذ عنيف يعاني من مشكلات أسرية عميقة(انفصال الوالدين، مرض أفراد الأسرة...الخ)؟

ب ـ عوامل نفسية

من الخطأ القول إن هذا التلميذ أو ذاك مطبوع بمواصفات جينية تحمله على ممارسة العنف دون سواه، وأن جيناته التي يحملها هي التي تتحكم في وظائف الجهاز العصبي، فما قد يصدر عن التلميذ من سلوك عنيف له أكثر من علاقة تأثر وتأثير بالمحيط الخارجي، وبتفاعل كبير مع البيئة الجغرافية والاجتماعية التي يعيش التلميذ في كنفها. ذلك أن المؤسسة التعليمية تشكل نسقاً منفتحاً على المحيط الخارجي أي على أنساق أخرى:اجتماعية واقتصادية وبيئية...ومن ثم فإن عوائق التربية المفترضة في المؤسسة التعليمية تتفاعل مع العوامل الخارجية بالنسبة للمؤسسة التعليمية في كثير من الأحيان.

هذه المقاربة النسقية للعوائق النفسية الاجتماعية المفترضة في المؤسسة التعليمية، تقود من الآن إلى توقع تعقد وتشابك هذه العوائق، وتبعاً لذلك تؤدي إلى تبدد مظاهر البساطة والبداهة في رؤية هذا الموضوع ومقاربته...

فالأشخاص، حسب العديد من الباحثين، يختلفون من حيث استعداداتهم للتأثر بتجاربهم، لكن يظل التفاعل بين تراثهم الجيني والوسط المعيشي- هو المحدد لطبيعة شخصيتهم، طبعاً باستثناء الحالات المرضية. فالجينات لا تخلق أشخاصاً لهم استعداد للعنف أو سلوك عدواني، كما لا تفسر سلوك اللاعنف، رغم تأثيرها على مستوى إمكانيات سلوكنا لكنها لا تحدد نوعية استعمال هذه الإمكانيات. كما يجمع العديد من العلماء، كذلك، على أن العنف موجود ولكنه مختلف المظاهر ومتنوع الأسباب. فالكل قد يمارس فعل العنف بدرجة أو بأخرى في يوم من الأيام، فإذا كانت درجة العنف في الحدود المعقولة كان الإنسان سوياً يتمتع بالصحة النفسية، وأمكنه أن يسيطر بعقله على

انفعالاته، وإذا كانت درجة العنف كبيرة عانى الفرد من اضطرابات نفسية وشخصية...

ومن منظور فرويد، فإن مصادر العنف ترتدُّ إلى ما يلي:

١ـ يبقى الطفل حتى حل عقدة أوديب لديه، تحت تأثير الرغبة في تأمين استئثاره بعطف الأمومة.

٢ـ تزجه هذه الرغبة في نزاع مزدوج مع أشقائه وشقيقاته من جهة، ومع أبيه وأمه من جهة أخرى.

٣ـ إن هذا النزاع الذي يجد من الناحية الواقعية نهايته «عادة» في «مجتمعية» الولد، يمكن أن يترافق في اللاوعي الفردي بالرغبة في قتل كل من يعارض تحقيق رغبتنا المكبوتة بشكل كامل تقريباً.

٤ـ وحتى عند الراشد، فإنه يمكن إعادة تنشيط هذه الرغبة بمناسبة حالات غامضة من الكبت والعدوانية المفتوحة التي يتعرض لها الفرد خلال حياته.

وعلى هذا الأساس، فإن التلميذ المراهق يعيدنا إلى ضرورة تحديد مفهوم «المراهقة»، بما أنها مفهوم سيكولوجي، يقصد بها المرحلة التي يبلغ فيها الطفل فترة تحول بيولوجي وفيزيولوجي وسيكولوجي، لينتقل منها إلى سن النضج العقلي والعضوي. فالمراهقة، إذن، هي المرحلة الوسطى بين الطفولة والرشد...

في هذا السياق، وهو سياق بناء الذات من منظور التلميذ ـ المراهق، لا بد أن تصطدم هذه الذات، الباحثة عن كينونتها، بكثير من العوائق، بدءاً من مواقف الآباء مروراً بموقف العادات والتقاليد انتهاء بموقف المربين... فبالإضافة إلى

موقف الأسرة الذي عادة ما يكون إما معارضاً أو غير مكترث، فإن سلطة المؤسسات التعليمية غدت هي الأخرى تستثير التلميذ المراهق، وتحول دون ممارسته لحريته، كما يراها هو.

وبناء على ذلك، نستطيع الحديث عن العلاقة التسلطية ما بين المعلم والمتعلم: فسلطة المعلم لا تناقش(حتى أخطاؤه لا يسمح بإثارتها، ولا تكون له الشجاعة للاعتراف بها)، بينما على الطالب أن يمتثل ويطيع ويخضع...الأمر الذي يؤدي في بعض الأحيان إلى تعارض صارخ بين الطرفين، تنتج عنه ردود فعل عنيفة من طرف هذا أو ذاك، الأمر الذي تبرزه العديد من الأبحاث التربوية في هذا المجال، والتي ترجع دوافع العنف إلى ذلك التناقض الحاد بين التلميذ والأستاذ في ظل انعدام ثقافة حوارية منتجة وخلاقة وإيجابية.

هذه العلاقات التسلطية التي تدور في فلك الفعل ورد الفعل«تعزز النظرة الانفعالية للعالم، لأنها تمنع الطالب من التمرس بالسيطرة على شؤونه ومصيره، وهي المسؤولة إلى حد كبير عن استمرار العقلية المتخلفة لأنها تشكل حلقة من حلقات القهر الذي يمارس على مختلف المستويات في حياة الإنسان المتخلف».

و يعتقد بعض علماء علم النفس أن الانفعالات: كالعدوان، والخوف، والاستثارة الجنسية، مثلاً هي عبارة عن«حوافز يتم التخفف منها أو خفضها خلال ذلك المسار الخاص بالتعبير عنها. فإذا كان الأمر كذلك، فقد تكون أفضل طريقة للتعامل مع الانفعالات القوية هي الوعي بها و مواجهتها».

وهنا يمكننا الحديث عن كبت للمشاعر التلقائية، وبالتالي كبت تطور الفردية الأصيلة الذي يترسخ في مرحلة المراهقة، والذي يبدأ مبكراً مع الطفل. إذ يجب أن يبقى الهدف هو تدعيم استقلال التلميذ الباطني والحفاظ على فرديته

ونموه و تكامله. وهذا ما غدا مألوفاً في أدبيـات التربيـة الحديثـة، وتكـرس مع ميثـاق التربيـة والتكوين الذي يعتبر قراءة جديدة للوضع التربوي المغربي الراهن على ضوء المستجدات التي طرأت على مفهوم التربية والتعليم.

فهناك شواهد على أن التعبير المباشر عـن العـدوان(Agression) يعمـل عـلى تنـاقض احتماليـة حـدوث النشـاطات العدائيـة(Hostile) التاليـة. فتـوفير الفرصـة للشخص الغاضب للتعبير عن مشاعره/مشاعرها العدائية في التو واللحظة «يعمل عـلى خفض الحاجـة للتعبـيرات اللاحقة عن الغضب، حتى لو كان هذا التعبير العدواني الكلي كبيراً على نحو ملحوظ».

و من المعقول أن نفترض هنا أنه مـن دون مثـل هـذا التنفيس عـن المشـاعر العنيفـة سيكون التلميذ العنيف أكثر تهيؤاً للعنف بمجرد إحساسه بأي استفزاز أو اختراق داخلي.

كما تجدر الإشارة إلى أن غالبية التلاميذ الذين يمارسون العنف هم ذكور. و قلما نصطدم بفتاة/تلميذة تمارس فعلاً عنيفاً في مواجهة الآخر (ذكراً كان أو أنثى). وهذا الأمر سبق له أن كان موضوع دراسات متخصصة في الغرب؛ ففي دراسة قام بها هوكانسون (Hokanson) روقبت مستويات ضغط الدم الخاصة بالأفراد عندما كان غضبهم يستثار من خلال سلوك مشاكسة ـ ما يتم على نحو متعمد ـ من جانب بعض الشركاء الضمنيين للمجرب في هذه الدراسة. وقد لاحظ هذا الباحث أن ضغط الدم الخاص بالرجال المشاركين في التجربة كان يعود بشكل أسرع إلى حالته الطبيعية الأولى، إذا عبروا عن غضبهم بشكل صريح، أما بالنسبة للنساء فقد كان ضغط الدم الخاص بهن يعود إلى حالته الطبيعية الأولى على نحو أسرع إذا اتسمت

تعاملاتهن مع العاملين ـ المتعاونين خفية مع المجرب ـ بالمودة أكثر من اتسامها بالعدوانية. ربما كان السلوك العدائي الخارجي هو السلوك الطبيعي المكمل للغضب لدى الرجال، مقارنة بالنساء، فهن يمتلكن وسائل أكثر تحضراً من الرجال في التعامل مع المشاعر العدوانية».

محاور العنف في مؤسساتنا التعليمية :

يمكن استجلاء الأطراف الأساسية التي تدخل في معادلة ممارسة فعل العنف أو الخضوع لفعل العنف في مؤسساتنا التربوية، وهي علاقات الفاعل والمفعول بـه. ويمكن أن نركـز دوائر هـذا العنف في المحاور العلائقية التالية:

أ ـ التلميذ في علاقته بالتلميذ

تتعدد مظاهر العنف التي يمارسها التلاميذ فيما بينهم، إلا أنها تتراوح بين أفعـال عنـف بسيطة وأخرى مؤذية ذات خطورة معينة، ومن بين هذه المظاهر:

ـ اشتباكات التلاميذ فيما بينهم والتي تصل، أحياناً، إلى ممارسة فعل العنـف بـدراجات متفاوتـة الخطورة.

ـ الضرب والجرح.

ـ إشهار السلاح الأبيض أو التهديد باستعماله أو حتى استعماله.

ـ التدافع الحاد والقوي بين التلاميذ أثناء الخروج من قاعة الدرس.

ـ إتلاف ممتلكات الغير، وتفشي اللصوصية...

ـ الإيماءات والحركات التي يقوم بها التلميذ والتي تبطن في داخلها سلوكا عنيفاً.

ب ـ التلميذ في علاقته بالأستاذ

لم يعد الأستاذ بمنأى عن فعل العنف من قبل التلميذ، فهناك العديد من الحالات في مؤسساتنا التعليمية ظهر فيها التلميذ وهو يمارس فعل العنف تجاه أستاذه ومربيه. وتكثر الحكايات التي تشكل وجبة دسمة في مجامع رجال التعليم ولقاءاتهم الخاصة، إنها حكايات من قبيل: الأستاذ الذي تجرأ على ضرب التلميذ، وهذا الأخير الذي لم يتوان ليكيل للأستاذ صفعة أقوى أمام الملأ...أو أن يضرب التلميذ أستاذه، في غفلة من أمره، ثم يلوذ بالفرار خارج القسم، أو أن يقوم التلميذ بتهديد أستاذه بالانتقام منه خارج حصة الدرس، حيث يكون هذا التهديد مصحوباً بأنواع من السب والشتم البذيء في حق الأستاذ الذي تجرأ، ومنع التلميذ من الغش في الامتحان...الخ.

وهذا ما تؤكده العديد من تقارير السادة الأساتذة حول السلوك غير التربوي لعينة من التلاميذ المشاغبين. و كلها تقارير تسير في اتجاه الاحتجاج على الوضع غير الآمن لرجل التعليم في مملكته الصغيرة (المدرسة)

ففي كثير من اللقاءات التنسيقية ما بين الطاقم الإداري ومجالس الأساتذة ترتفع الأصوات عالية بدرجات العنف التي استشرت في المؤسسات التربوية، وهذه الأصوات العالية كان لها الصدى المسموع أحياناً لدى الجهات المسؤولة، وترجم ذلك بمذكرات وزارية أو نيابية(حملات التحسيس بأهمية نشر ثقافة التسامح، منع حمل السلاح الأبيض داخل المؤسسات التعليمية...). وكلها مذكرات تنص على تفاقم تدهور الوضع الأمني في المؤسسات التعليمية من جراء العديد من مظاهر العنف. وبموجب هذه المذكرات فإنه على الإداريين أن

يكونوا على يقظة من أمرهم، وذلك بتقفي أثر كل ما يتسبب في انتشار العنف الذي يزداد يوماً بعد يوم في كنف مؤسساتنا التعليمية...

ونعرف أن هذا النوع من الحلول بعيد عن النجاعة والفاعلية ما دام صدى هذه المذكرات لا يتجاوز رفوف الإدارة، بعد أن يضطلع عليها المعنيون بالأمر، لتظل حبراً على ورق كما هو سابق من مذكرات وتوصيات، تحتاج ، بالدرجة الأولى، إلى وسائل وآليات التنفيذ أكثر مما هي بحاجة إلى الفرض الفوقي الذي لا يعدو أن يكون ممارسة بيروقراطية بعيدة عن ميدان الممارسة والفعل.

ج ـ التلميذ في علاقته برجل الإدارة

قد يكون رجل الإدارة، هو الآخر، موضوعاً لفعل العنف من قبل التلميذ، إلا أن مثل هذه الحالات قليلة جداً، ما دام الإداري، من وجهة نظر التلميذ، هو رجل السلطة، الموكول له تأديب التلميذ وتوقيفه عند حده حينما يعجز الأستاذ عن فعل ذلك ، وهذا ما يحصل مراراً وتكراراً في يوميات الطاقم الإداري، فكل مرة يُطلب منه أن يتدخل في قسم من الأقسام التي تعذر على الأستاذ حسم الموقف التربوي فيه.

سبل التعاطي الإيجابي مع ظاهرة العنف المدرسي:

لا يكفي الوقوف عند حدود تعريف الظاهرة أو جرد بعض مظاهرها، بل يحتاج الأمر بحثاً جدياً وميدانياً لمعرفة كيفية التعاطي الإيجابي مع هذه الظاهرة التي تستشري يوما عن يوم في مؤسساتنا التعليمية. وهذا الأمر لن يتم بدون تحديد المسؤوليات والمهام المنوطة بكل الفاعلين التربويين لمواجهة هذا الداء الذي ينخر

كيان مؤسساتنا التعليمية من الداخل...فتكاثف الأدوار وتعاضدها وتكامل الجهود قمين بتخفيف حدة هذه الظاهرة، وذلك في أفق القضاء التدريجي على مسبباتها، فما هو المطلوب منا كفاعلين تربويين وأولياء أمور وواضعي البرامج التربوية لنكون في مستوى ربح رهان كثير من مظاهر الانحراف السلوكي، والتغلب عليه بأقل الخسائر؟

الخدمات الإرشادية :

لا يحتاج فعل العنف إلى ردود فعل آلية، ولا إلى تهاون وتجاهل في معالجته بل يتطلب هذا المقام التربوي الاستثنائي تفكيراً جدياً وعميقاً لجميع الفاعلين التربويين، لإيجاد حلول تخفف من انتشار هذه الظواهر غير التربوية في بلادنا. ومن منظورنا، فإن التصدي الخلاق لنظير هذه الظواهر اللاتربوية، التي غدت متفشية في مؤسسانتا التعليمية، يقتضي منا هذا المقام التذكير بأهمية استحضار المفاتيح التربوية **الضرورية التالية:**

- أهمية حث التلميذ على إرساء ثقافة الحوار بينه وبين أقرانه، وبينه وبين أساتذته، وفي الأخير بينه وبين أفراد أسرته.

- إعمال المرونة اللازمة في مواجهة حالات ممارسة العنف، حتى لا نكون أمام فعل ورد فعل في سيرورة تناقضية لا نهاية لها.

- تحويل مجرى السلوكات الانفعالية الحادة إلى مناح أخرى يستفيد منها صاحبها، كتوجيه التلميذ نحو أنشطة أقرب إلى اهتماماته، تناسب نوعية الانفعالات التي قد يلاحظها المربي (رياضية ، ثقافية، جمعوية، صحية...).

ـ انخراط الجميع (أباء ومربين، وإداريين، ومجتمع مدني...)في إعادة بناء سـلوك التلميـذ الـذي يتصف بمواصفات عنيفة، حتـى يكـون للعـلاج مفعولـه المتكامـل والمتضافر. و ذلك مـا نجـده مستبعداً في الكثير من الحالات التي وقفنا عليها أثناء مزاولتنا لمهامنا التربوية والإدارية...

الفصل التاسع

الأساليب والبرامج الإرشادية

الأساليب الإجرائية في متابعة نتائج التحصيل الدراسي

أ ـ رعاية الطلاب المتأخرين دراسياً:

ويمكن للمرشد الطلابي اتخاذ الخطوات التالية :

١ـ حصرـ الطلاب المتأخرين دراسياً من واقع نتائج الاختبارات وتسجيلهم في سجل خاص لمتابعتهم والوقوف على مستوياتهم أولاً بأول.

٢ـ التعرف على الأسباب والعوامل التي أدت إلى التأخر الدراسي مثل عدم تنظيم الوقت وعدم حل الواجبات أو ضعف المتابعة المنزلية أو كره الطالب للمادة أو وجود ظروف تمنعه من الدراسة أو لأسباب تتعلق بالمعلم أو المنهج الدراسي وغير ذلك من الأسباب .

٣ـ متابعة سجل المعلومات الشامل حيث يعتبر مرآة تعكس واقع الطالب الذي يعيشه أسرياً واجتماعياً وصحياً ودراسياً وسلوكياً .

٤ـ متابعة مذكرة الواجبات اليومية (في المرحلتين الابتدائية والمتوسطة) وهو من أهم السجلات المرافقة للطالب التي تسجل نشاطه اليومي ، وتعمل على ربط البيت بالمدرسة .

٥ـ حصر نتائج الاختبارات الشهرية والفصلية وتعزيزها بالمعلومات الإحصائية والرسوم البيانية ودراستها مع إدارة المدرسة والمعلمين حيث يمكن تقديم الخدمات الإرشادية اللازمة للطلاب في ضوئها .

٦ـ تنظيم اجتماع مع الطلاب المتأخرين دراسياً وعقد لقاءات مع مدرسي المواد الذين تأخروا فيها لمناقشة أسباب التأخر وإرشادهم إلى الطرق المثلى لتحسين مستواهم الدراسي وذلك بعد النتائج الشهرية والفصلية .

٧ـ تنظيم مجاميع التقوية وفقاً للائحة المنظمة لذلك ، وإمكانية تشجيع المعلمين على المشاركة في هذه المجامع واختيار الوقت الملائم لتنفيذها .

٨ـ تنظيم وقت الطالب خارج المدرسة وارشاده إلى طرق الاستذكار الجيد وفق جدول منظم بالتنسيق مع ولي أمره إذا أمكن ذلك .

٩ـ إشراك الطلاب في مسابقات خاصة بالموضوعات الدراسية تتناسب مع مستواهم التحصيلي لغرض تشجيعهم على الاستذكار والمراجعة من خلال الاستعداد لهذه المسابقات

١٠ـ تشجيع الطلاب الذين ابدوا تحسناً في مشاركتهم وفاعليتهم الفصلية وواجباتهم الدراسية ، أو تحسنهم في نتائج اختباراتهم الشهرية والفصلية وذلك بمنحهم شهادات تحسين مستوى أو الإشادة بهم بين زملائهم أو في الإذاعة المدرسية وذلك بهدف استمرارهم في هذا التحسن تصاعدياً

١١ـ توجيه نشرات للمعلمين عن كيفية رعاية الفروق الفردية بين الطلاب وأهميتها في التعرف على الطلاب المتأخرين دراسياً وقيامهم بمعالجة مشكلات الطلاب داخل الصف الدراسي ويمكن عمل نشرات عن التدريس الجيد واستعمال الوسائل المعينة وأساليب رعاية الطلاب دراسياً وسلوكياً ويمكن مناقشة هذه الأمور التربوية من خلال اجتماعات المدرسة .

١٢ـ إقامة الندوات والمحاضرات وإعداد النشرات واللوحات والصحف الحائطية والتي تحث على الاجتهاد والمثابرة واستغلال أوقات الفراغ بما يعود على الطالب بالفائدة ويمكن مشاركة إدارة المدرسة ومعلميها وبعض أولياء أمور الطلاب المهتمين بمجال التربية والتعليم ويمكن تنفيذها أثناء الدوام الدراسي وفي المساء.

١٣ـ الاستفادة من الاجتماعات الدورية الإرشادية مثل اجتماع الجمعية العمومية ومجالس الآباء والمعلمين واللقاءات التربوية المفتوحة والمناسبات المدرسية المتعددة في حث وتشجيع أولياء الأمور على متابعة أبنائهم وحثهم على المذاكرة المستمرة وحل الواجبات والاستعانة بهم في معرفة أسباب التأخر الدراسي ومعالجته والمساعدة في تحسن مستويات أبنائهم وبيان أهمية زياراتهم المتكررة للمدرسة للاطمئنان على مستوى تحصيل أبنائهم دراسياً ومدى تقدمهم فيه .

١٤- تقديم خدمات الرعاية الفردية لهم.وفتح دراسة حالة لمن يحتاج إلى متابعة دقيقة منهم والاستعانة بالوحدة الإرشادية لتشخيص أسباب التأخر الدراسي النفسية .

ب ـ رعاية الطلاب المعيدين ومتكرري الرسوب:-

إن لرعاية الطلاب المعيدين ومتكرري الرسوب أهمية كبيرة في إيجاد التوافق الدراسي المطلوب لهم ويمكن للمرشد الطلابي تنفيذ الخطوات التالية :

١ـ دراسة نتائج العام الدراسي السابق وحصر الطلاب المعيدين ، والتعرف على الطلاب متكرري الرسوب من حيث عدد سنوات

الإعادة والمواد التي يتكرر رسوبهم فيها وتسجيلهم في سجل الرعاية الجماعية والفردية للمرشد لغرض المتابعة والرعاية .

٢ـ عمل جلسات الإرشاد الجمعي في بداية العام الدراسي الجديد مع هؤلاء الطلاب وتوجيههم بأهمية الاستعداد الدراسي المبكر، ومعالجة أوضاعهم الدراسية في المواد التي يتكرر رسوبهم فيها ومتابعتها منذ بداية العام الدراسي

٣ـ استدعاء أولياء أمورهم لتذكيرهم بأهمية رعاية أبنائهم المعيدين ومتابعة تحصيلهم الدراسي منذ بداية العام الدراسي وأهمية زيارة مدارسهم بشكل مستمر .

٤ـ أهمية مناقشة أوضاعهم مع معلميهم وذلك لمتابعتهم دراسياً والتركيز عليهم داخل الصف الدراسي منذ بدء الفصل الدراسي الأول وإبلاغ المرشد الطلابي أولاً بأول عما يطرأ على سلوكهم الدراسي .

٥ـ حاجة الطلاب الضعاف دراسياً من هؤلاء المعيدين إلى الالتحاق بالمراكز أو الالتحاق بأي برنامج تربوي يعالج أوضاعهم المدرسية بما يؤدي إلى تحسين مستوياتهم الدراسية إلى الأفضل .

٦ـ متابعة مدى تطورهم الدراسي من خلال سجل الرعاية الفردية وتشجيع الطلاب الذين أظهروا استجابات إيجابية والأخذ بأيدي البقية ليصبحوا في مستوى زملائهم .

ج ـ رعاية الطلاب المتفوقين دراسياً :ـ

الطلاب المتفوقون دراسياً هم الذين يحصلون على تقدير ممتاز في جميع المواد الدراسية في الاختبارات الشهرية والفصلية ويحتاجون إلى رعاية خاصة وخدمات إرشادية مميزة للحفاظ على مستواهم الدراسي ويمكن اتباع الخطوات التالية لرعايتهم :

١ـ حصرهم وتسجيلهم في الجزء الخاص لرعايتهم في سجل المرشد الطلابي وذلك لمتابعة تحصيلهم أولا باول .

٢ـ التنسيق مع المعلمين لرعاية هؤلاء الطلاب وصقل مواهبهم وتنمية قدراتهم للاستمرار في التفوق من خلال تنويع الخبرات وإثراء التجارب وإتاحة الفرصة لهم للمشاركة في جوانب النشاط المختلفة وفقاً لميولهم ورغباتهم

٣ـ منحهم حوافز مادية ومعنوية لتشجيعهم على التفوق مثل الهدايا والجوائز الرمزية وشهادات التفوق سواء كانت شهرية أم فصلية ووضع أسمائهم في لوحة الشرف وإعلان أسمائهم في الإذاعة المدرسية ، وعمل خطابات تهنئة لأولياء أمورهم واقامة حفل لتكريمهم وإشراكهم في الرحلات والمعسكرات والزيارات التي تقوم بها المدرسة وعمل أسر خاصة بالمتفوقين وتشجيعهم على البحث والدراسة وتوضيح الفرص الدراسية والمستقبلية لهم.

٤ـ رفع أسماء أوائل الطلاب المتفوقين بالمدرسة لإدارة التعليم للمشاركة في حفل تكريم الطلاب المتفوقين الذي تقيمه إدارة التعليم للطلاب المتفوقين بمدارسها في كل عام دراسي وفق الضوابط المحددة .

وحدات الخدمة الإرشادية

الأهداف من إنشاء هذه الوحدات:

١- دراسة ومتابعة حالات الطلاب المحولين للوحدة الإرشادية ، وتقديم الخدمات الإرشادية اللازمة بما يحقق توافقهم النفسي والدراسي والاجتماعي .

٢- الاستفادة من المراكز المتخصصة في مجالات التوجيه والإرشاد المتاحة في المجتمع .

٣- إثراء حصيلة المرشد الطلابي بالأساليب المهنية المتخصصة حول طرق التعامل مع الحالات .

٤- تقديم الاستشارة التربوية المناسبة للطالب والمعلم والمرشد الطلابي وولي أمر الطالب .

٥- التركيز على الجوانب الوقائية للطلاب وخاصة الاضطرابات النفسية والانحرافات السلوكية.

٦- القيام بإجراء بعض البحوث والدراسات الميدانية والتربوية والنفسية والمهنية في المجتمع المدرسي والاستفادة من تلك الدراسات في وضع الخطط والبرامج الإرشادية المناسبة والهادفة .

ماذا تقدم الوحدة الإرشادية ؟

١- التعامل مع حالات الطلاب المحولين لها دراسةً وتشخيصاً وعلاجاً لمشكلاتهم .

٢- تقديم العون والمشورة المهنية لمرشدي الطلاب في دراسة الحالة .

٣- دراسة حالات بعض المعلمين الذين يعانون من صعوبات ذاتية أو نفسية أو اجتماعية .

٤- الاستفادة من جهد المؤسسات التي تعنى ببرامج وخدمات التوجيه والإرشاد في القطاعين الحكومي والخاص .

٥- توعية الأسرة والمدرسة والمجتمع بأهمية التوجيه والإرشاد عن طريق النشرات والمحاضرات ووسائل الإعلام المختلفة .

٦- الإسهام في تدريب مرشدي الطلاب والعاملين في ميدان التوجيه والإرشاد على فنيات العمل الإرشادي وإكسابهم المهارات المهنية اللازمة لإنجاح العملية الإرشادية .

الفئات التي تتابعها وحدة الخدمات الإرشادية :

١- حالات لتلاميذ ممن لديهم اضطرابات نفسية أو صعوبات تعليمية أو مشكلات مدرسية .

٢- بعض حالات التلاميذ من الجمعيات الخيرية المدمجة في المدارس الحكومية

٣- بعض حالات الموهوبين في المدارس .

٤- بعض حالات المعلمين المحالين من إدارة التعليم.

٥- بعض حالات الطلاب ذوي الاحتياجات الخاصة من المعاقين المدمجين في المدارس.

٦- حـالات لم يـتم قبولهـا في المـدارس الابتدائيـة (الصـف الأول) خاصـة لصـعوبات كلاميـة أو لاشتباه في القدرة العقلية .

٧- بعض الحالات الواردة عن طريق الأسرة وولي الأمر .

إجراءات التحويل إلى الوحدة الإرشادية :

١-تستقبل وحدة الخدمات الإرشادية الحالات التي تحال إليها من القسم أو من المدارس .

٢- يحيل المرشد الحالات التي تستعصي عليه ، أو التي لم تحقق استجابة للـبرامج التـي رسـمت له من قبل المرشد أو إدارة المدرسة.

٣- يتصل المرشد بولي الأمر لأخذ موافقته الخطية على تحويل ابنه لوحدة الخدمات الإرشادية.

٤ -ومن ثم تعبئة استمارة الإحالة (سري) الموجودة بالمدرسة من قبل المرشد.

٥ -اتصال المرشد بوحدة الإرشاد لأخذ موعد لاستقبال الحالة ، مع مراعاة مبدأ السرية التامـة في إجراءات التحويل .

٦- تستقبل الوحدة الحالة ويتم تسـجيلها في سجل الحـالات الـواردة المخصص لهـذا الغـرض، وإجراء المقابلة الإرشادية الأولية من قبل المرشد الطلابي بالوحـدة واستيفاء كافـة البيانـات والمعلومات عن الحالة .

٧- تعرض الحالة على مشرف الإرشاد بالوحدة ومن ثم تعقد جلسة إرشادية لتشخيص الحالة ورسم البرنامج العلاجي لها أو تحويلها إلى الجهات الأخرى ذات الاختصاص.

برنامج التوعية الصحية في المدارس

ندرك جميعاً مدى العلاقة بين الصحة والتعليم . حيث توجد علاقة وثيقة وتبادلية ، فالصحة ضرورية للتعليم ، والتعليم ضروري للصحة .ولقد اهتم الأطباء المسلمون الأوائل أمثال ابن سيناء بموضوع التربية والتعليم في كتبه في الطب والصحة. وازداد اهتمام المتأخرين من العلماء والأطباء بالعلاقة بين الصحة والتعليم . واعتبر بعضهم أن الصحة شأن مدرسي . فالصحة بشكل عام لا يمكن تقديمها فقط من خلال المرافق الصحية ، بل لا بد من اتساعها في المجال المدرسي . فكلنا يدرك الدور الهام للمدرسة في وقتنا الحاضر ومدى حرصها على التأثر على مختلف جوانب حياة التلميذ (العقلية والاجتماعية والنفسية والجسمية) ، وضرورة إعطاء كل جانب حقه من الرعاية والاهتمام . فالتعليم يؤثر إيجاباً على الصحة من خلال توفير الجو المدرسي الصحي ، والعناية بالطالب وتوجيهه إلى أفضل الأساليب للعناية بغذائه وشرابه ونظافة فصله ومدرسته ومسكنه ، وتكوين العادات السليمة لديه في المأكل والمشرب والمسكن والجلوس والقراءة وغير ذلك ، مما يسهم في بناء جسم الطالب السليم وعقله السليم ، ويمتد أثر تلك العناية إلى الرفاق والأسرة ، ومن ثمّ يتخرج جيل واع بأهمية الصحة .

أهداف البرنامج :

١ـ نشر الوعي الصحي بين الطلاب في المدارس .

٢ـ العمل على تكوين العادات السلمية في المأكل والمشرب .

٣ـ إيصال التوعية الصحية إلى محيط الأسرة والمجتمع .

٤ـ التعرف على الممارسات الخاطئة لدى الطلاب والقضاء عليها .

٥ـ ترسيخ مفهوم وأهداف المعرض الدائم الخاص بالثقافة الصحية .

المستفيدون :

طلاب مدارس التعليم العام .

المنفذون :

العاملون بالمدرسة

مكان التنفيذ :

١ـ مدارس التعليم .

٢ـ بعض القطاعات الصحية (حكومي ، أهلي) .

الزمن :

أسبوع دراسي ، ويتكرر بحسب الحاجة له في المدرسة

وسائل التنفيذ :

١. ملاحظة حالات الطلاب من قبل رواد الفصول والمرشد الطلابي بواسطة استمارة تعد لهذه الغاية ، حيث يتم بعد ذلك تقدير حجم التوعية الصحية ونوعها .

٢. إلقاء سلسلة من المحاضرات التوعوية الصحية يلقيها معلمو العلوم والمشرفون على جماعات النشاط ، والمعلمون الأكثر دراية بأحوال الطلاب .

٣. إعداد النشرات والرسائل التربوية الصحية لتوعية الأبناء بمخاطر الاهمال في الصحة وتبصير الآباء والأسر بوسائل الصحة السليمة .

٤. القيام بجولات تفتيشية خلال فترة البرنامج لملاحظة العناية بقص أظافر الطلاب ونظافة ملابسهم ، وحقائبهم ، وحثهم على العناية بنظافة أبدانهم وملابسهم وأدواتهم .

٥. الاستعانة بذوي الخبرة والاختصاص لمعالجة بعض الحالات الطلابية التي تعاني من ممارسة بعض العادات غير المحبوبة في اللباس والأكل والشرب

٦. التركيز خلال التوعية على أبرز العادات الخاطئة والمشكلات الصحية الأكثر انتشاراً في المدرسة .

٧. توعية الطلاب بأهمية استيفاء التطعيمات الاساسية والتطعيمات الموسمية مثل لقاح الحمّى الشوكية والتهاب الكبد الوبائي وغيرهما .

٨. توعية الطلاب بالعادات الصحية السليمة وكيفية اكتسابها ، والعادات الخاطئة في المجتمع المدرسي وكيفية تجنبها،بالاعتماد على برامج توعوية وقائية علاجية شاملة للأسرة والمدرسة معدة وفق أسلوب علمي .

٩. التنسيق مع بعض المستشفيات الحكومية أو الأهلية (إن أمكن) لإقامة معارض صحية ، وندوات يشارك فيها الاختصاصيون في مجال الطب .

١٠. توجيه الأبناء والأسر إلى أفضل الكتب والنشرات الصحية التي ترسخ في أذهان الجميع المخاطر الصحية وكيفية اتقائها .

١١. توجيه أنظار الجميع إلى عناية الدين الإسلامي بصحة الفرد وبتركيزه على النظافة واعتبارها من الإيمان بالله جلّ وعلا .

١٢. من الممكن ، أن تحدد المدرسة يوماً في الشهر ، تطلق عليه يوم العناية بصحة الإنسان يقوم فيه منسوبو المدرسة بإجراء حملة تنظيف شاملة لفناء المدرسة وأروقتها وفصولها، وجمع النفايات في الصناديق المخصصة لها ، ثم يقوم العاملون بالمدرسة بإجراء حملة تفتيش للتأكد من نظافة الطلاب، ويتم اختيار أحسن عشرة طلاب هم الأكثر نظافة في أبدانهم وشعرهم وملابسهم وحقائبهم وطاولاتهم وغير ذلك ، ثم تذاع أسماؤهم أمام الجميع ، ويمنحون شهادات وجوائز تقديرية . وخلال اليوم المحدد تلقى محاضرة شاملة من قبل أحد العاملين بالمدرسة ، أو قد يستعان بأحد الأطباء ، سواء كان من أطباء الوحدة الصحية المدرسية أو من أحد المستشفيات الأهلية أو الحكومية ، أو من أحد أطباء المستوصفات الأهلية أو مراكز الرعاية الصحية .

١٣. يقوم المرشد الطلابي بدراسة حالات بعض الطلاب الذين يبدو عليهم اعتلال في الصحة نتيجة ممارسة بعض العادات الخاطئة ، أو الطلاب الذين لا يهتمون بنظافة أبدانهم وملابسهم وتظهر عليهم عادات خاطئة في المأكل والمشرب وخلال القراءة ، أوالطلاب الذين لا يلقون بالاً

بعملية الاستفادة من صناديق النفايات لجمع مخلفات الطعام والشراب والأوراق التالفة ونحو ذلك .

١٤. تقوم المدرسة بعزل الحالات المعدية التي تظهر بين الطلاب ، وفق أسلوب تربوي مدروس. كما تقوم بإحالة بعض الطلاب الذين يعانون من اعتلال في الصحة بشكل عام إلى مقار الوحدة الصحية المدرسية ، أو ويستدعى ولي أمره ليبصر بعواقب إهمال صحة الابن . وللمعلومية ، يعاني بعض الطلاب من ضعف في البصر أو السمع أوغيرهما ،دون اتخاذ الاجراءات اللازمة للحد من مضارهما .

١٥. تزويد مركز تطوير برامج وخدمات التوجيه والإرشاد بالثغر ، بتقرير مختصر عن أسلوب تنفيذ البرنامج في المدرسة ، مرفقاً به نوع الحالات الصحية التي يعاني منها الطلاب، وأبرز العادات الصحية الخاطئة لدى الطلاب،ليتم بعد ذلك انتهاج خطوات تربوية للقضاء عليها ،إن شاء الله ، بالاستعانة بذوي الاختصاص .

برنامج معالجة التأخر الدراسي

مفهوم التأخر الدراسي :

يعتبر التأخر الدراسي من أصعب المشكلات التي تواجه النظام التعليمي في أي مجتمع مدرسي . فهو ، بلاشك يقلق العاملين في المدارس وأولياء أمورالطلاب والمخططين التربويين والمتابعين لعملية تنفيذ البرامج التربوية التي

تعني بالطالب في جميع النواحي ، الجسمية والعقلية والانفعالية والوجدانية ، (والسلوكية) وغير ذلك . وقد عرف التربويون التأخر الدراسي بأنه انخفاض في نسبة تحصيل الطالب الدراسي دون المستوى العادي للطلاب . وهذه النسبة تساوي انحرافين معياريين سالبين ، أي انخفاض مستوى تحصيل الطالب بمقدار عامين عن المستوى المطلوب تحقيقه من قبل الطالب

أهداف البرنامج :

١) حصر حالات التأخر الدراسي في المدرسة وتحقيق نوعها سواء ، كانت تأخراً دراسياً عاماً أو تأخراً دراسياً خاصاً .

٢) التعرف على الأسباب الرئيسة التي أدت إلى تأخر الطالب دراسياً .

٣) تلافي حدوث أسباب التأخر الدراسي مستقبلاً ، والعمل على وقاية الطالب من الوقوع في مشكلة التأخر الدراسي .

٤) تبصير أولياء أمور الطلاب الذين يعاني أبناؤهم من تأخر دراسي ، بالأسباب التي قادت أبناءهم للوقوع بمشكلة التأخر الدراسي ، وإشراكهم في تنفيذ الإجراءات التربوية للقضاء على التأخر الدراسي .

٥) إعادة تهيئة البيئة التربوية (المدرسية والأسرية) للطالب لكي يستقطب المعلومات بصورة عالية .

٦) توظيف خبرات التربويين من المشرفين والمعلمين ومديري المدارس ومرشدي الطلاب لرعاية الطلاب المتأخرين دراسياً والوصول بهم إلى أعلى مراتب النجاح .

من عوامل التأخر الدراسي (بإختصار) :

أ- عوامل صحية مثل : (سـوء التغذية ـ الضعف العام ـ ضعف البنية ـ مرض السكر ـ ارتفاع أو انخفاض ضغط الدم ـ أمراض القلب ـ بعض أمراض الحمّيات).

ب- عوامل عقلية مثل :(عدم القدرة على التذكّر والتركيز ـ أحلام اليقظة ـ السرحان ـ انخفاض مستوى الذكاء العام ـ انخفاض إحدى القدرات الخاصة ... الخ) .

ج- عوامـل نفسية مثل : (اضطراب النوم ـ القلـق ـ الخوف ـ الخجل ـ الانطـواء (العزلة) ـ عدم الثقة بالنفس ـ صعوبة التكيف ـ والإحباط) .

د- عوامـل إعاقـة حسية مثـل : (ضعف السمع ـ ضعف البصـر) ، وعوامـل أخرى مثل : (اضطراب الكلام ـ ومشاكل النمو) .

ه- عوامل اجتماعية مثل : (عدم التوافق الأسري ، ككثرة المشاحنات والخلافات بين أفراد الأسرة ـ التدليل الزائد أو الحماية ـ القسوة المفرطة ـ الإبعاد ـ النبذ ـ الحرمان ـ حرج الأسرة بوجود الطفل ـ جهل الوالدين بأساليب التربية السليمة ـ وضعف التوجيه السليم) .

و- عوامل مدرسية مثل : (ضعف كفاءة المعلم ـ ضعف حرص المعلم ـ قلة توفر الوسائل التوضيحية المعينة ـ العقاب البدني أو المعنوي ـ توجيه اللوم للطالب المقصر أمام زملائه ـ إطلاق الألقاب السيئة على الطالب ـ قلة النشاطات الطلابية في المدرسة سواء كانت رياضية أوعقلية ـ صعوبة المناهج وجفافها ـ استخدام طرائق تدريسية غير فاعلة ـ وعدم إعطاء الطالب الفرصة للتعبير عن نفسه) .

ي- عوامل سلوكية أخرى مثل : (الميل إلى الانحراف ـ العناد ـ العدوان ـ التدخين ـ التسلط ـ مصاحبة رفاق السوء ـ الكذب ـ والسرقة ...الخ) .

محتوى البرنامج ومتطلباته :

١) حصرحالات التأخر الدراسي في كل فصل من فصول المدرسة ، وتحديد نوع التأخر الدراسي.

٢) الإطلاع على الدراسات والبحوث التربوية من قبل المسؤولين في المدرسة التي تمت معالجة ضعف الطلاب في بعض المواد الدراسية .

٣) دراسة العوامل والظروف التي نشأت فيها حالة التأخر الدراسي لدىالطالب ، ووضع التصورات التربوية المناسبة لمعالجة المشكلة .

٤) إجراء الاتصالات اللازمة مع ذوي الاختصاص ، كالمشرفين التربويين وقسم التربية الخاصة ، ومعاهد التربية الفكرية ، وعيادات التخاطب والكلام ، والوحدات الصحية المدرسية ، ومراكز الاختصاص ، مثل وحدة الخدمات الإرشادية ، وبعض المستشفيات وغير ذلك ، للحصول على ما لديهم حول هذه المشكلة ، والإسهام من قبل ذوي الشأن في التعرف على أهم الأسباب التي قادت الطالب للوقوع في مشكلة التأخر الدراسي ، وكيفية القضاء على تلك المسببات .

٥) مناقشة ولي أمر الطالب حول سلوك الطالب خارج المدرسة ، واهتماماته ، ورفاقه ، وحرص على أهمية الزمن ، وإدارة الوقت ، ورأي ولي الأمر في مشكلة أبنه ، والأسلوب المناسب الذي يقترحه للتعامل مع مشكلته .

٦) التنسيق مع لجنة التوجيه والإرشاد بالمدرسة حول أفضل الأساليب التربوية لرعاية الطلاب المتأخرين دراسياً .

٧) دراسة واقع المشكلة وتحديد بدايتها لكل طالب ، مع دراسة كل الظواهر المحيطة بها .

٨) تحديد نسبة الذكاء للتلاميذ الذين تظهرعليهم علامات التأخر الدراسي ، خاصة الصف الأول الابتدائي ، خلال العام الدراسي أو قبل دخول التلميذ إلى المدرسة ، لتحديد احتياجاته التعلّمية التعليمية .

٩) الإطلاع من قبل منظومة المدرسة على أفضل التجارب والخبرات في معالجة التأخر الدراسي ، حتى وأن كانت خبرات وتجارب عالمية بهدف الاستفادة منها دون الخروج عن نصوص وروح اللوائح التعليمية.

١٠) نشر الوعي التربوي بين الآباء خلال المناسبات التربوية المدرسية ، أوعن طريق النشرات التربوية الموجهة لهم حول أهمية العناية بالابن ومراعاة طبيعة المرحلة العمرية التي يمّر بها ، ومساعدته على اختيار الصحبة الحسنة ، ودفعه للاستذكار بأسلوب محبب وفي جوّ مفعم بالحيوية والنشاط وعلو الهمة .

١١) إعادة تهيئة البيئة المدرسية بما يلبيّ الاحتياجات الفعلية لتعلّم الطالب وتعليمه ، وبما يواكب حاجات العصر ومتطلباته .

١٢) تبصير الطالب بالأسلوب المناسب للاستذكار وبكيفية توزيع الوقت وإدارته له .

١٣) تحفز الطالب للاستزادة من العلوم وتنمية دافعيته نحو العلم .

١٤) إيجاد برامج مساندة في المدرسة لرعاية الطلاب المتأخرين دراسياً ، يتم اختيار زمنها المناسب ، والعناصر التربوية الأكثر فعالية لإنجاحها.

١٥) توضيح دورالخدمات التربوية في معالجة ضعف الطالب في بعض المواد الدراسية ، مع التأكد على موعد زمن كل فترة من فترات الخدمات التربوية وموقعها ، وكيفية الاستفادة منها .

١٦) دراسة أشد حالات التأخر الدراسي ذات الأسباب الحرجة من قبل المرشد دراسة علمية وفق استراتيجيات وتكنيك دراسة الحالة .

١٧) إحالة أصحاب بعض حالات التأخر الدراسي التي تعاني من أمراض أو قصور حسي إلى جهات الاختصاص لتتولى معالجتها .

١٨) تحسين مستوى التوافق المدرسي بصفة عامة ، ومعاملة الطلاب معاملة حسنة تقوم على مبدأ الاحترام . وتسهم المدرسة ايضاً في تحسين مستوى التوافق الأسري والاجتماعي للطلاب الذين يعانون من سوء توافق داخل المنازل أو خارجها .

١٩) اختيار افضل الطرائق التدريسية لتوصيل المعلومات للطالب ، وكذلك أنجح الأساليب للتعامل مع الطلاب ، لزرع الصفات الحميدة في نفوسهم والأخذ بأيديهم لتحقيق غايات التربية وأهدافه .

٢٠) تقديم المساعدات العينية للطلاب المحتاجين ، إن أمكن ، وإرشادهم إلى أفضل الوسائل الاكتساب ، وكيفية مواجهة متاعب الحياة .

٢١) تنمية القيم العظيمة في نفوسهم ، ومن ثم سيحرص الطالب نتيجة لنمو الوازع الديني في نفسه على وقته ومذاكرته ، وعلى تقديم الخير لأبناء مجتمعه .

٢٢) تثبيت المعلومات في ذهن الطالب يحتاج إلى طريقة وأسلوب وتكرار لشرح المعلومات ، واستخدام لوسيلة توضيحية مناسبة ، وإلى تشجيع باستمرار ، وزرع ثقة في نفس الطالب ، وغير ذلك من الوسائل التربوية التي ينبغي المعلم مراعاتها وتطبيقها في عطائه التربوي وتعامله مع الطالب .

٢٣) تطبيق ضوابط إعداد أسئلة الاختبارات ، ومراعاة الدقة في التصحيح والرصد ، بغية إصدار أحكام صادقة على الطالب .

٢٤) توظيف كل الخطط التربوية والبرامج الإرشادية في معالجة التأخر الدراسي لدى بعض الطلاب .

٢٥) تبصيرالطالب بمستوى قدراته ثم إرشاده إلى أفضل الطرق للعناية بمستقبله الدراسي أو الوظيفي .

يتم تقويم البرنامج من خلال الآتي :

١) نتائج الاختبارات النصفية والفصلية .

٢) توجيه الأسئلة الشفهية خلال الحصص ، وإجراء الاختبارات القصيرة التجريبية .

٣) إعداد الطالب للبحوث القصيرة والمقالات العلمية.

٤)إجراء التجارب العملية والواجبات التحريرية والعملية والشفهية .

٥) التقويم المستمر في المواد الشفهية .

٦) مشاركة الطالب في جماعات النشاط والإذاعة المدرسية وما يشابه ذلك .

٧) حرص الطالب وكثرة استفساراته وأسئلته عن الموضوعات الدراسية.

٨) تقارير المعلمين الفترية عن الطلاب .

٩) توجيهات المشرفين وتقاريرهم المرفوعة للإشراف التربوي وقسم التوجيه والإرشاد وقسم النشاط الطلابي .

١٠) آراء وتصورات أولياء أمور الطلاب عن واقع ابنائهم خارج المدرسة ومدى حرصهم على الدرس والاستذكار .

١١) آراء وملاحظات المرشد الطلابي في المدرسة عن كل طالب متأخر دراسياً، وتقويم الخدمات الإرشادية التي يقدمها المرشد الطلابي في المدرسة .

١٢) موافاة قسم التوجيه والإرشاد (مركز تطوير وبرامج خدمات التوجيه والإرشاد) بتقرير عن عدد الطلاب المتأخرين دراسياً في المدرسة، والإجراءات التربوية التي أتخذت من قبل المدرسة تجاهه الطلاب المتأخرين دراسياً، وما آلت إليه حالات الطلاب المتاخرين دراسياً ، إلى جانب مرئيات المدرسة للقضاء على مشكلة التأخر الدراسي .

البرنامج المدرسي الوقائي والعلاجي لمكافحة ظاهرة الكتابة على الجدران

الكتابة على جدران المدرسة ظاهرة تفصح عن صعوبة بالغة في التعبير عن خبايا الذات ومعاناتها بصورة طبيعية ، وذلك إما لعدم القدرة على التعبير اللفظي أو للخوف من السلطة المدرسية ، لأن ما يريد الطالب التعبير عنه لا يتوافق مع السياق العام للقيم المدرسية والاجتماعية ، كما أن الكتابة على جدران المدرسة أو في دورات المياه يشير إلى تدني مستوى العلاقات بأبعادها المختلفة بين الطالب وبين عناصر المجتمع المدرسي الأخرى ، وتكمن صعوبة القضاء على الحالات الفردية لهذه الظاهرة في كونها تمارس بشكل سري وبعيداً عن أعين الرقابة المدرسية ، ولذا أصبح لزاماً على المدارس استحداث برامج

وقائية عامة وبرامج علاجية خاصة للحد من سلبية هذه الظاهرة على الفرد والمجتمع ، وذلك لأن الفعل التربوي يجب أن يسبق الضبط الإجرائي في مثل هذه الحالات ، لاسيما ونحن في مؤسسة تربوية مهمتها الأساسية تربية الأجيال وإعدادهم الإعداد السليم شخصياً واجتماعياً. ولأن هذه الظاهرة من الظواهر التي عنيت لائحة الانضباط السلوكي بعلاج آثارها السلبية فإنه لابد من تفعيل إجراءات اللائحة بعد إستنفاد كامل الوسائل التربوية لتصبح جزءاً من علاج الحالات التي يرى المربون أنه لا يمكن تقويمها إلا بمثل هذه الوسائل .

أهداف البرنامج:-

١-   توعية المجتمع المدرسي بأهمية التصدي لظاهرة الكتابة على الجدران

٢-   تعرية هذا السلوك وتبيان آثاره السلبية على الفرد والمجتمع.

٣-   الحد من انتشار هذه الظاهرة تمهيداً للقضاء عليها.

المستهدفون :

طلاب المدارس المتوسطة والثانوية

المنفذون :

إدارة المدرسة- المرشد الطلابي – المعلمون – جماعة التوجيه والإرشاد

مكان التنفيذ :

مدارس التعليم العام المتوسطة والثانوية

مدة التنفيذ :

أسبوع دراسي

وسائل التنفيذ :

الإذاعة المدرسية – المحاضرات والندوات – ورش العمل – مواضيع الإنشاء – النشرات والمطويات والصحف الحائطية - صندوق الاقتراحات·

الفصل العاشر

المفاهيم والمصطلحات الإرشادية

الأنا The ego

هو أحد الجوانب اللاشعورية من النفس، يتكون من الهو وينمو مع الفرد متأثراً بالعالم الخارجي الواقعي ويسعى للتحكم في المطالب الغريزية للهو مراعياً الواقع والقوانين الاجتماعية، فيقرر ما إذا كان سيسمح لهذه المطالب بالإشباع أو بتأجيل إشباعها إلى أن تحين ظروف وأوقات تكون أكثر ملاءمةً لذلك، أو قد يقمعها بصورة نهائية. فهو يراعي الواقع ويمثل الإدراك والحكمة والتعلم الاجتماعي .

الأنا الأعلى The super ego

القسم الثالث من الشخصية، ينمو تحت تأثير الواقع ويمكن النظر إليه على أنه سلطة تشريعية تنفيذية أو هو الضمير أو المعايير الخلقية التي يحصلها الطفل عن طريق تعامله مع والديه ومدرسيه والمجتمع الذي يعيش فيه والأنا الأعلى ينزع إلى المثالي لا إلى الواقعي، يتجه نحو الكمال لا إلى اللذة. ويوجه الأنا نحو كف الرغبات الغريزية للهو وخاصة الرغبات الجنسية والعدوانية، كما يوجهه نحو الأهداف الأخلاقية بدلاً من الأهداف الواقعية.

الإحباط Frustration

يقصد بالإحباط في علم النفس، الحالة التي تواجه الفرد عندما يعجز عن تحقيق رغباته النفسية أو الاجتماعية بسبب عائق ما. وقد يكون هذا العائق خارجياً كالعوامل المادية والاجتماعية والاقتصادية أو قد يكون داخلياً كعيوب نفسية أو بدنية أو حالات صراع نفسي يعيشها الفرد تحول دونه ودون إشباع رغباته

ودوافعه. والإحباط يدفع الفرد لبذل مزيد من الجهد لتجاوز تأثيراته النفسية والتغلب على العوائق المسببة للإحباط لديه بطرق منها ما هو مباشر كبذل مزيد من الجهد والنشاط، أو البحث عن طرق أفضل لبلوغ الهدف أو استبداله بهدف آخر ممكن التحقيق. وهناك طرق غير مباشرة، يطلق عليها في علم النفس اسم الميكانزمات أو الحيل العقلية **mental mechanism** وهي عبارة عن سلوك يهدف إلى تخفيف حدة التوتر المؤلم الناشئ عن الإحباط واستمراره لمدة طويلة وهي حيل لاشعورية. يلجأ إليها الفرد دون شعور منه. من هذه الحيل، الكبت، النسيان، الإعلاء، والتعويض، التبرير، النقل، الإسقاط، التوجيه، تكوين رد الفعل، أحلام اليقظة الانسحاب، والنكوص. وعندما يتكرر حدوث الإحباط لدى فرد ما فإنه يؤدي إلى مشاكل نفسية معقدة وخطيرة تستدعي العلاج وقد يكون الإحباط بناءاً في بعض الأحيان لأنه يدفع بالفرد لتجاوز الفشل ووضع الحلول الملائمة لمشاكله.

الإسقاط Projection

حيلة من الحيل الدفاعية، يلجأ إليها الفرد للتخلص من تأثير التوتر الناشئ في داخله. وهو عملية نقل، يدرك الفرد خلالها دوافعه وعيوبه وأخطائه وصفاته المعيبة في الغير بقصد وقاية نفسه من القلق الذي ينشأ من إدراكها في نفسه، وبعبارة أخرى أنه ينكر وجود النواقص في نفسه وقد ظهرت كلمة إسقاط لأول مرة في علم النفس عام (١٨٩٤) م عندما كتب فرويد مقالةً له عن عصاب القلق ومنذ ذلك الحين اتسع استخدامها ليشمل العديد من ألوان السلوك.

الإعلاء Sublimation

حيلة دفاعية تتضمن استبدال هدف أو حافز غريزي بهـدف أسـمى أخلاقياً أو ثقافياً. فعنـدما يجد المرءُ نفسه عاجزاً عن إشباع دافع ما فإنه يلجأ إلى إعادة توجيه طاقاته لاستثمارها في مجال آخر، ويرى فرويد أن الدافع الجنسي قد يتحول إلى أعمال بنائية هامة عن طريـق الإعـلاء فمـن الممكن أن يتحول الدافع العدواني إلى أعمال اجتماعية مقبولة مثل الألعاب الرياضية أو الصيد أو قد يتحول الدافع العـدواني إلى بعـض المهـن مثـل الجـزارة أو الجراحـة، وقد تتحول الطاقـة النفسية المتعلقة بـدافع الحب إلى الفـن أو الأدب أو الشـعر. ومـن الجـدير بالـذكر أن عمليـة الإعلاء عملية عفوية تدفع إليها حاجة شعورية قد لا يشعر بها المرء إلا بعد وقت طويل.

الإرشاد النفسي والطب النفسي   Psychiatry - counseling

يهتم الطب النفسي بتشخيص اضطرابات الشخصية والكشف عن أسبابها ومن ثم الكشف عـن أسباب سوء توافق الفرد والعمل على علاجها. كما في بحث الطبيب عن أسباب القلـق مثـلاً أمـا الإرشاد النفسي فهو يهتم بالأفراد الأسوياء الذين يأتون إلى المرشد النفسي طلباً للمساعدة وليس للعلاج.

الاستبصار Insight

مصطلح في علم النفس يعني، التأمل الباطني introspection للذات ووعي المرء بدوافعه الرئيسية ورغباته ومشاعره وتقييم العقلية الخاصة وقدراته ومعرفته بنفسه، والمصطلح يفيد معنى آخر هو تفهم المريض للعلاقات القائمة بين سلوكه وذكرياته ومشاعره ودوافعه التي كانت من قبل، كما يعني أيضاً الإدراك الفجائي لعناصر موقف ما وإدراك علاقات هذه العناصر بعضها ببعض مما يؤدي إلى فهم الموقف بشكل كلي.

الاستبطان Introspection

في علم النفس، هو تأمل الفرد لما يجري في داخله من خبرات حسيةٍ أو عقليةٍ. ولقد بدأ المنهج الإستبطاني مع العالم الألماني فونت (١٨٣٢ـ ١٩٢٠) وكان يهدف إلى معرفة ما يجري للعقل الإنساني عندما يخضع لمؤثرها. والاستبطان يتناول أيضاً الحالات الشعورية القائمة، أو السابقة وقد استخدم هذا المنهج بشكل واسع في الدراسات النفسية، إلا أن المدرسة السلوكية استبعدته واعتبرته منهجاً غير علمي لأنه يعتمد على الملاحظة الذاتية وليس الموضوعية.

الاستجابة Response

هي رد فعل الكائن الحي على المنبهات التي تثير سلوكه وتؤثر في جهازه العصبي والاستجابة قد تكون حركة عضلية أو إفراز غدة أو حالة شعورية أو فكرة. فرائحة الطعام تسيل اللعاب عند الجائع والضوء الأحمر يستجيب له سائق السيارة بالضغط على الفرملة.

الانحراف السيكوباتي

هو سلوك لاأخلاقي، أو هو سلوك مضاد للمجتمع يسيطر على الشخصية السيكوباتية ويتميز هذا السلوك (بنزوات) ولا يراعي الفرد المسؤولية في أفعاله وينحصر همه بإشباع اهتماماته المباشرة والنرجسية دون اعتبار للنتائج الاجتماعية.

الانفعال Emotion

اضطراب حاد يشمل الفرد كله ويؤثر في سلوكه وخبرته الشعورية ووظائفه الفسيولوجية الداخلية وهو ينشأ في الأصل عن مصدر نفسي، ويستثار عندما يواجه المرء ما يؤذيه أو يهدده فيصبح نشاطه كله مركزاً حول موضوع الانفعال، ويصاحب الانفعال تغيرات فسيولوجية داخلية مثل خفقات القلب، وارتفاع ضغط الدم واضطراب التنفس واضطراب في عملية الهضم.

الانقباض

هو حزن أو كآبة مرضية وعزيمة مثبطة ومزاج سوداوي يختلف عن الحزن العادي بأن هذا الأخير يتميز بالواقعية ويتناسب مع قيمة ما يفقده الشخص.

البارانويا Paranoia

اضطراب عقلي نادر ينمو بشكل تدريجي حتى يصير مزمناً ويتميز بنظام معقد يبدو داخلياً منطقياً ويتضمن هذاءات الاضطهاد والشك والارتياب فيسيء المريض فهم أية ملاحظة أو إشارة أو عمل يصدر عن الآخرين، ويفسره على

أنه ازدراء به ويدفعه ذلك إلى البحث عن أسلوب لتعويض ذلك فيتخيل أنه عظيم وأنه عليم بكل شيء.

التثبيت   Fixation

هو المفهوم الذي أورده فرويد في نظرية التحليل النفسي ـ ويعني بـه أن الطاقـة النفسـية تظل مهتمة بإشباع حاجات مرحلة معينة من مراحل النمو الجنسي النفسي بالرغم من أن الطفل قـد انتقل إلى مرحلة تالية من مراحل النمو [را: التحليل النفسي].

التجوال النومي   Somna polism

رد فعل عصابي يغادر فيه المريض سريره ويأخذ بإتيان مظهر من مظاهر النشاط يشبع فيه المريض رغباته المكبوتة ويحل مشاكله التي يعاني منها. وهو ينشأ عن حصر نفسي شديد وله أسباب أخرى عديدة منها الصرع أو الاضطرابات الذهنية، يشيع بين المراهقين وخاصة الذكور منهم، وعادة ما ينسى المريض كل ما قام به أثناء التجوال ولا يتذكره أبداً.

التحليل النفسي   Psychoanalysis

منهج في علم النفس قوامه استكشاف مجال اللاوعي للبحث عـن الأسباب الكامنـة فيـه والتـي تؤدي إلى ظهور الاضطرابات العصبية لـدى الفرد، ابتدعـه العالـم النمسـاوي سيجموند فرويـد (١٨٥٦ ـ ١٩٣٩) م وهو طبيب متخصص

بالأمراض العصبية، وكان يرى أن هناك ثلاثة مستويات رئيسية للعقل أو للشخصية هـي الهـو the id، والأنا the ego، والأنا الأعلى the super ego، تتفاعل هذه المستويات الثلاثة فيما بينها بشكل وثيق تكون محصلة السلوك الإنساني. وذهب فرويد أيضاً إلى أن الإنسـان يمـر أثنـاء نمـوه بخمس مراحل نفسية، الأولى هي فترة الـولادة وما بعدها بسنة واحدة يكون فيها المصدر الرئيسي للإشباع وللحصول على اللذة هو الرضاعة ويطلق عليها تسمية المرحلة الفمية the aral phase. المرحلة الثانية: وتمتد من السنة الثانية حتى السنة الثالثة من العمر وتكون فيها منطقة الشرج المصدر الرئيسي للحصول على اللذة ويطلق عليها اسم المرحلة الشرجية the anal phase. المرحلة الثالثة: وتمتد من السنة الثالثة حتى السنة الخامسة من العمر وتصبح فيها الأعضاء التناسلية هي المصدر الرئيسي للحصول على اللذة ويطلق عليها اسم المرحلة القضيبية the phallic phase وفي هذه المرحلة يمر الأولاد بعقدة أوديب [را: عقدة أودية]. وتمر الفتيـات بعقدة الكترا [را: عقدة الكترا]. المرحلة الرابعة: وهي التي اصطلح فرويد على تسميتها بمرحلـة الكمون the latency phase حيث يكبت الأطفال ميولهم الجنسية نحو الوالدين ويحولونها إلى موضوعات غير جنسية. المرحلة الخامسة: وهي المرحلـة التـي تتجه فيهـا مشـاعر الفـرد نحـو الجنس الآخر وهي تشمل مرحلة المراهقة ويطلق عليها فرويد تعبير المرحلة التناسلية the genital phase، ويقتضي التدرج الطبيعي أن يمر الفرد بهذه الأدوار الخمسة.

التخلف العقلي Mental retardation

هو نقص في مستوى الذكاء العام، ويعتبر الشخص متخلفاً عقلياً فيما إذا كان حاصل ذكاءه (٧٠) أو أقل من (٧٠) وهذه الحالة تتميز بمستوى عقلي وظيفي عام دون المتوسط وتبدو أكثر ما تبدو خلال مرحلة النمو مصحوبةً بقصور في السلوك التكيفي للفرد وقد يبلغ التخلف العقلي مرحلة أشد تعقيداً تكشف عنها الأوضاع العصبية المرضية والحالات الفسيولوجية الشاذة التي تصاحبها وعادة ما يعتمد في تشخيص التخلف العقلي على استخدام اختبارات الذكاء المقننة.

التعصب Prejudice

كلمة مشتقة من اسم لاتيني pracjudicium معناها السابق (precedent) أي الحكم على أساس قرارات وخبرات سابقة، ينشأ التعصب من خلال الحاجة إلى احترام الذات أو المبالغة في تأكيدها وهو نوع من أنواع النرجسية أو عشق الذات طابعة العدوان وقد يكون ظاهراً أو خفياً، لفظي أو غير لفظي، والتعصب بمعناه السيكولوجي هو شعور ودي أو غير ودي نحو فرد أو شيء دون الاستناد إلى أساس سابق له ويطبع التعصب بشحنه انفعالية مما يعطل عمل التفكير المنطقي السليم. كما أنه اختلال يعتري العلاقات الاجتماعية وتوترٌ يسيطر على خطوط الشبكات الاجتماعية غير المنظورة.

التقمص Indentification

عملية لاشعورية أو حيلة عقلية يلصق فيها الفرد الصفات المحببة إليه بنفسه أو يدمج نفسه في شخصية فرد آخر حقق أهدافاً يشتاق هو إليها. فالطفل قد يتقمص شخصية والده أي يتوحد بهذه الشخصية وبقيمها وسلوكها. والشعور بالنقص قد يكون دافعاً قوياً للتقمص الذي يبدو واضحاً بشكل كبير لدى الذهانيين وخاصة المصابين بجنون العظمة فيظن أحدهم مثلاً أنه قائداً عظيماً فيرتدي الملابس العسكرية ويمشي كالعسكريين ويتصرف مثلهم. والتقمص في شكله البسيط يكون ذا أثر هام في نمو الذات وفي تكوين الشخصية.

التقبل ACCEPTANCE

مبدأ رئيس من مبادئ مهنة الخدمة الاجتماعية ، ويقصد به الإقرار والاعتراف من جانب المختص الاجتماعي بقيمة الفرد (العميل) واحترام مظهره وفكره وسلوكه وتقدير مشاعره ، ولا يعني ذلك بالضرورة التغاضي عن أفعال الفرد وسلوكياته غير السوية ويعتبر التقبل أحد العناصر الأساسية في عملية المساعدة helping process وتكون العلاقة المهنية في الخدمة الاجتماعية . ويهدف التقبل إلى :

١)تخليص العميل من مشاعره السلبية كالخجل والخوف وتجنب ما قد يترتب على ذلك من أساليب دفاعية مختلفة .

٢)تخفيف حدة التوترات الشديدة كالقلق أو الشعور بالنقص أو الاضطهاد أو الإحساس بالدونية . ويمكن للمختص الاجتماعي تطبيق هذا المبدأ من خلال

إظهار استجابات معينة كالاحترام والتسامح وتقدير المشاعر وتجنب النقد وعدم التحامل أو التسرع في إصدار الأحكام .

إساءة معاملة أو سوء استعمال ABUSE

سلوك خاطئ أو غير ملائم يقصد به إلحاق الأذى الجسمي Physical النفسي- psuchlogical أو المالي financial بفرد أو جماعة . ولإساءة المعاملة أربعة أنواع هي: الإساءة البدنية ، والإساءة النفسية ، والإهمال ، والاستغلال .

تكيّف ADAPTATION

عملية تلاؤم الفرد مع البيئة environment التي يعيش فيها وقدرته على التأثير فيها ، والتكيف أيضا يعني محاولات الفرد النشطة والفعالة التي يبذلها خلال مراحل حياته المختلفة لتحقيق التوافق والتّلاؤم والانسجام مع بيئته بحيث يساعده هذا التوافق على البقاء والنمو وأداء دوره ووظيفته الإجتماعية بصورة طبيعية . والتكيف عملية تبادلية reciprocal process بين الفرد والبيئة التي يعيش فيها بمعني أن الفرد يؤثر ويتأثر بالبيئة . ويرى كثير من المختصين الاجتماعيين أن مساعدة الناس للتغلب على ضغوط الحياة life stresses خلال مراحل نموهم المختلفة وتقوية قدراتهم التكيفية ودعمها هو جزء أساسي من عملية التدخل والعلاج في الخدمة الاجتماعية .

التوافق ADJUSTMENT

مجموعة الأنشطة التي يقوم بها الفرد لإشباع حاجة satisfy a need أو التغلب على صعوبة أو اجتياز معوق أو العودة إلى حالة التوافق والتّلاوم والانسجام مع البيئة المحيطة . وهذه الأنشطة يمكن أن تصبح ردود فعل أو استجابات عادية مألوفة habitual responses في سلوك الفرد في المواقف المشابهة . والتّكيف الناجح يؤدي إلى التّوافق ، والتكيف غير الناجح يطلق عليه (سوء التّوافق)maladjustment ويقصد به سوء التّكيف مع البيئة المادية أو الوظيفة أو الاجتماعية وما يتبع ذلك من مضاعفات انفعالية وسلوكّية .

اضطراب التكيف ADJUSTMENT DISORDER

هو اضطراب ناشئ من عدم تكيف وتوافق الشخص مع البيئة المحيطة به من مظاهره السلوكيات غير الملائمة أو غير التكيفي maladaptive pattern of behaviorsالتي تظهر على الفرد خلال الثلاثة شهور الأولى تقريباً من بداية مواجهته لأزمة crisis أو لضغوط نفسية اجتماعية psychosocial stresses كالطلاق divorceوالمشكلات الزواجية maraital problems والصعوبات العملية أو الوظيفية والكوارث disaster والاضطراب يعتبر أكثر جدية وخطورة من الاستجابات العادية المألوفة والمتوقعة للضغوط ، وينتج عنه قصور في قدرة الفرد على أداء وظائفه الاجتماعية ، ومن الممكن الحد من التخفيف من أعراض الاضطراب عندما يتخلص الفرد من الضغوط أو عندما يصل إلى مستوى جديد من التّكيف .

بالغ أو راشد ADULT

البالغ هو الشخص الذي وصل إلى مرحلة النضج maturity ، وفي الغالب إذا بلغ الشخص ١٨ ثمانية عشر عاماً .

تقديم النصح   ADVICE GIVING

أسلوب من أساليب التّدخل intervention في مهنة الخدمة الاجتماعية يهدف إلى مساعدة العميل على فهم مشكله ، والتفكير في الحلول المناسبة للتعامل معها، ومساعدته في تحديد خطة العمل action plan للتغلب عليها .

ولتقديم النصيحة شروط ينبغي مراعاتها منها: اختيار الوقت المناسب لتقديم النصيحة ،واختيار المكان المناسب ، واختيار الأسلوب الذي ينبغي أن نقدم به النصيحة .

ازدواجية أو تناقض المشاعر   AMBIVALENCE

المشاعر المتناقضة كالحب والكره love and hate التي تظهر في وقت واحد تجاه شخص أو فكرة معينة

اضطرابات القلق   ANXIETY DISORDERS

اضطرابات القلق هي حالة مزمنة أو متكررة من الشعور بالتوتر والخوف والانزعاج والارتباك والقلق وعدم الاستقرار نتيجة فهم خاطئ للخطر والصراع ، أو نتيجة خطر غير حقيقي وغير معروف . ومن أنواع هذا الاضطراب التالي :

١) اضطراب القلق العام generalized anxiety disorder الذي يتميز بالتوتر الحركي ، والخوف من المستقبل ، والنشاط الذاتي الزائد ، وعدم القدرة على التركيز ، والأرق ، وسرعة الغضب والانفعال ، وعدم القدرة على التحمل بصفة عامة .

٢) الاضطراب العصابي الوسواسي obsessive compulsive disorder الذي يتميز بالأفكار الثابتة غير المرغوب فيها (الوساوس) ، والقيام بالأفعال القهرية النمطية غير المعقولة مثل : غسل اليدين بين الحين والآخر ، ولعق الشفاه بصورة مستمرة بهدف التغلب على القلق وإطفاء مشاعر الذنب .

٣) رهبة الخلاء agoraphobia وهو الخوف المرضى من الأماكن المفتوحة كالميادين والصحاري .

٤) الرهبة الاجتماعية social phobia وهو الخوف المستمر والشديد من الوقوع عرضة لملاحظة الآخرين .

اضطراب النطق ARTICULATUION DISORDER

مشكلة من مشكلات النطق speech problemوالتحدث ، من خصائصه عدم قدرة الشخص على نطق بعض الأصوات بصورة واضحة حيث يجد صعوبة في نطق بعض الحروف أو الكلمات أو ينطقها بطريقة مختلفة تعطي انطباعاً (بالحديث الطّفولي) "baby talk" .

التدريب على تأكيد الذات ASSERTIVENESS TRAINING

برنامج أو أسلوب يهدف إلى تعليم وتدريب الفرد للتعبير express عن حاجاته needs وأفكاره وآرائه ومشاعره ومطالبه بطريقة مباشرةdirectly وفعالة effectively .

التقدير ASSESSMENT

عملية من عمليات مهنة الخدمة الاجتماعية تعمل على تحديد طبيعة المشكلة التي تواجه العميل ، والتعرف على أسبابها وتسلسل أو تعاقب الأحداث والوقائع المرتبطة بها progression ، والتنبؤ بالنتائج والاحتمالات المستقبلية prognosis ، ووضع خطة عمل action plan للحد من آثارها أو حلها .

الجنون mad

هو التغيرات العقلية التي تطرأ على بعض الناس فتخرجهم عن دائرة العقل وهو أقسام: منها الماليخوليا وهي التي كانت معروفة بالسوداء أول درجات الجنون وأعراضها دوام الاكتئاب وشدة الاهتمام بالنفس وزعم الإنسان بأنه مصاب بجملة أمراض قتالة، ومنها المونومانيا أي الجنون بشيء واحد وهي حالة يجن فيها الإنسان بشيء أو أشياء محدودة ويتعقل ما عدا ذلك وذلك كالكبر والعجب وحب القتل والوسوسة، ومنها ألمانيا وهي أن يجن الشخص جنونا عاما مع هياج شديد ومنها الذهول وهي أن تضعف قوى الإنسان العقلية ضعفا تدريجيا، ومنها البله وهي حالة طبيعية لا مكتسبة منشأها عدم تكامل خلقة المخ من صغر الرأس أو غيرها وأكثر من هم هكذا يكونون بكما

أو غير تامي الكلام. أقوى أسباب الجنون انقماع النفس عن مطلوبها بسلطة قاهرة والغيظ البالغ حده النهائي والفزع الفجائي والغيرة والوسوسة والعشق وفقد ما لا يمكن استرداده مما يكون عزيزا على النفس جدا وأكثر المصابين به النساء لشدة إحساسهن. وعد من أسبابه الضرب على الرأس والسقوط عليه ومرض الأذن والمرض الشديد وشرب الأشربة المخدرة وارتداد العرق فجأة واحتباس الحيض والرعاف وقد يكون وراثيا. معالجة هذا الداء تكون على حسب درجاته ففي الماليخوليا تكفي الرياضة والسفر وسماع الأنغام وتطلب السرور مع الحمية والراحة والاعتناء الشديد بالمعدة. وفي الجنون الخاص بشيء واحد يجتهد بإبعاد فكر المريض عن ذلك الشيء وترويضه وتفريحه. وإن كان سببه مرضا من الأمراض وجب معالجة ذلك المرض. أما الذهول فلا يشفي منه إلا أفراد قلائل لأنه يعقبه شلل عام فيموت المصاب. أما الجنون العام فيعالج بعلاج مادي وأدبي أما المادي فهو علاج لإبطاء الدورة الدموية ولكنه لا يستعمل إلا إذا كان الجهاز الهضمي سليما وسكب الماء على الرأس والاستحمام بالماء الفاتر ووضع فوطة على الصدر وغير ذلك وأما الوسائط الأدبية فهي أشد فعلا من كل ما ذكر وهي: أولا أن لا تهيج شهوة المجنون.   ثانيا أن لا يخالف ولا يؤاخذ ولا يستهزأ به.   ثالثا أن يجتهد في إثبات رأيه فيما هو خارج عن الجنون. معنى عدم تهيج شهوات المجانين هي أن يبعدوا عما يثير جنونهم أو عما سببه فإن كان سببه العشق وجب أن لا يذكر ما يهيجه. وإن كان سببه الوسوسة بشيء وجب إبعاده عنه. وإن كان سببه ظنهم أنهم ملوك أو علماء فينبغي أن لا يوقروا لأن توقيرهم يزيد جنونهم ويجب أن لا يترك

المجنونين بنوع واحد في محل مشترك لأن بعضهم يثير جنون بعض.

الحيلة الدفاعية (Defence mechanism)

عملية لاشعورية ترمي إلى تخفيف التوتر النفسي المؤلم وحالات الضيق التي تنشأ عن استمرار حالة الإحباط مدة طويلة بسبب عجز المرء عن التغلب على العوائق التي تعترض إشباع دوافعه، وهي ذات أثر ضار عموماً إذ أن اللجوء إليها لا يُمَكِّن الفرد من تحقيق التوافق ويقلل من قدرته على حل مشاكله. ومن الحيل الدفاعية التي يلجأ إليها اللاشعور الإسقاط ـ الكبت ـ التعويض الناقص ـ والإعلاء.

الخوف (Fear)

انفعال سلبي ناشئ عن توقع الخطر، ترافقه تغيرات فسيولوجية مختلفة منها تزايد في سرعة خفقان القلب وتصبب العرق البارد وجفاف في الحلق وارتعاد في الأوصال. ويلعب الخوف وظيفة بيولوجية هامة فهو يدفع الفرد إلى الهروب من الخطر أو إلى الحذر منه فيساعده على حفظ حياته، ولكن عندما يتجاوز الخوف الحد الطبيعي فإنه يصبح حالة مرضيةً قد تلحق الضرر بحياة الإنسان وقد تكون أسباب الخوف غير واقعية أو غير معروفة فيكون الخوف حينئذٍ مرضياً. ومن أمثلة ذلك الخوف من الأماكن الفسيحة أو المرتفعة أو الخوف من الماء وفي هذه الحالة لا بد من معالجة المريض بإشراف الطبيب النفسي.

جماعة نشاط ACTIVITY GROUP

من أنواع الجماعات في الخدمة الاجتماعية يتلخص عملها في قيام أعضاء الجماعة بتنفيذ برنامج محدد . من خصائص هذا النوع من الجماعات وجود الرغبة المشتركة والاهتمام المشترك mutual interest بين أعضاء الجماعة بالبرنامج ، ووجود هدف واضح ومحدد ، وفي بعض الأحيان قد يشارك الأفراد في مثل هذه الجماعات لمجرد شغل وقت الفراغ والاستمتاع .

وتستخدم جماعات النشاط الجماعة كوسيلة لاكتساب المهارات الاجتماعية social skills ومهارات عملية اتخاذ القرار decision-making وتكون العلاقات . ومن أمثلة الأنشطة التي تمارسها الجماعة الأنشطة الرياضية والثقافية والدينية والاجتماعية والفنية . وقد بدأ في الآونة الأخيرة استخدام هذا النوع من الجماعات في مراكز التمريض nursing homes ومستشفيات الأمراض العقلية mental hospitals ومراكز الترويح recreation centers .

الدافع (Drive)

حالة جسمية أو نفسية توترية تثير السلوك في ظروف معينة وتواصله حتى ينتهي إلى هدفٍ معين فيزول التوتر حينذاك. والدوافع كثيرة بعضها فطري لا يحتاج الفرد أن يتعلمه، مرتبط بشكل وثيق بالحاجات الأساسية كالطعام والجنس. وبعضها مكتسب يتعلمه الإنسان خلال عملية التنشئة الاجتماعية مثل التدخين وشرب الكحول وتعاطي المخدرات، والدوافع قد تكون شعورية يفطن المرءُ إلى وجودها أولا شعورية لا ينتبه المرء إلى وجودها.

الذكاء (Intelligence)

هو القدرة على اكتساب المعارف واستخدامها في التكيف للمواقف المستجدة أو المشكلات التي يواجهها الفرد. ويعد الفريد بينيه وزميله سيمون أول من وضع مقياساً دقيقاً للـذكاء أدى فيما بعد إلى اهتمام العلماء بقياس الـذكاء وإلى ظهور اختبـارات متعـددة لـه. ونسبتـه الـذكاء intelligence quotient نسبة نحصل عليها بقسمة العمر العقلي علـى العمـر الزمني وضرب الناتج في (١٠٠). فالفرد الذي عمره العقلي (١٢) وعمره الزمني ١٢ تكون نسبة ذكاءه وفق هذا القانون كما يلي ١٢/١٢ × ١٠٠ = ١٠٠. والذكاء يكون عالياً إذا زاد عن (١٠٠) ويقل إذا قل عن (١٠٠) فالفرد الذي يتساوى عمره العقلي مع عمره الزمني تكون نسبة ذكاءه (١٠٠) أما إذا قـل عمره الزمني عن عمره العقلي كانت نسبة ذكاءه أكثر مـن(١٠٠) وفي حـال كـان عمـره الزمنـي أعلى من عمره العقلي كانت نسبة ذكاءه أقل مـن (١٠٠)، وعلـى أسـاس هـذه المقاييس تـم تصنيف الأفراد من حيث الذكاء، فالمعتوه idiot هو من كانت نسبة ذكاءه تتراوح بـين (صفر و ٢٥)، أما الأبله imbecile فهو الذي تتراوح نسبة ذكاءه بـين (٢٦ و ٥٠) ويعد أحمقاً moron من كانت نسبة ذكاءه تتراوح بين (٥١ و ٧٠)، أمـا السـوي أو المتوسـط (average or normal) من كان ذكاءه بين (٧١ و ١١٠) ومن كانت نسبة ذكاءه بـين (١١٠ و ١٤٠) عُدَ فـوق المتوسط above average، أما من كانت نسبة ذكاءه (١٤٠) فما فوق كان عبقرياً.

الذهان (Psychosis)

اضطراب شديد في الشخصية، يبدو في صورة اختلال عنيف في القوى العقلية واضطراب في إدراك الواقع والحياة الانفعالية وعجز عن قضاء الحاجات الحيوية مما يؤدي إلى عدم حدوث التوافق بين الفرد وذاته وبينه وبين الآخرين، وهو يقسم إلى قسمين الأول، عضوي المنشأ كبداية الخرف أو تصلب شرايين المخ أو كاضطراب هرموني أو اختلال شديد في عملية الهدم والبناء metabolism والثاني وظيفي أو نفسي وليس له أي أساس عضوي مثل الفصام، والبارانويا أو جنون الارتياب والشيزوفرينيا أو الفصام.

الرهاب (Phobia)

خوف أو هلع مرضي شديد من موضوع محدد أو موقف لا يستثير بطبيعته الخوف. والخوف الطبيعي ضروري إلى حد ما للبقاء إذ أنه ينبه الكائن الحي إلى الأخطار المحدقة به إلا أنه عندما يتجاوز حدوده الطبيعية وتصبح أسبابه غير واقعية أو غير معروفة فإنه يتحول إلى عصاب ويطلق عليه اسم رهاب فقد يشعر الإنسان بخطرٍ يهدده مع أن هذا الخطر لا وجود له في الواقع. وتتميز الأعراض الإكلينيكية لهذا العصاب بوجود نشاط شديد في الوظيفة الاستثارية من الجهاز العصبي التلقائي.

رعاية الطفل   CHILD CARE

تربية الطفل وتنشئته ، وتدبير شؤونه وتوفير حاجاته اليومية الأساسية ، وتوفير جميع مطالب نموه السليم ، وهذا المصطلح يشير إلى جميع الأنشطة التي تهدف إلى توفير حاجات الطفل الأساسية بواسطة الأبوين أو من يقوم مقامهم . كما يشير بصفة خاصة إلى المؤسسات التي تعني برعاية الأطفال وتعمل على توفير الرعاية الجسمية physical care (كالطعام والملبس) لهم ، وتساعدهم على اكتساب العادات habit development (كالمحافظة على الصحة الشخصية personal hygiene والتنشئة الاجتماعية) وتعمل على توفير الأنشطة التي تساعد هؤلاء الأطفال على تنمية شخصياتهم وإكسابهم القيم والاتجاهات الإيجابية (التربية discipline)كما توفر لهم الخدمات والبرامج العلاجية therapeutic care (كالتوجيه والإرشاد counseling) .

سلوك   BEHAVIOR

السلوك هو أي رد فعل reaction أو استجابة response يقوم بها الفرد بما فيها الأنشطة التي يمكن ملاحظتها observable activity ، والتغييرات الجسمية التي يمكن قياسها measurable physiological changes والأنماط العقلية المعرفية cognitive images ، والخيالات fantasies ، والانفعالات emotions ويعتبر بعض العلماء الخبرات الذاتية جزءاً من السلوك .

السلوكية (Behaviorism)

مدرسة في علم النفس، تعتبر السلوك مجرد استجابة فسيولوجية للمثيرات التي تحدثها البيئة الخارجية وهي تستبعد كل ما هو غير ملاحظ ولا تأخذ بعين الاعتبار عوامل الوراثة أو الفكر أو الإرادة فمنهجها موضوعي، موضوعه الرئيسي- هو السلوك وهي تهدف إلى التنبؤ بالسلوك وتحديد الكيفية التي يستجيب بها الفرد للمثيرات. ولقد راجت هذه المدرسة في الولايات المتحدة الأمريكية ويعتبر واطسون رائد هذه المدرسة ومؤسسها ومن ممثليها كيو، سكنر ثورانديك.

السلوك المعادي للمجتمع ANTISOCIAL BEHAVIOR

نمط من النشاط والسلوك يتميز بكراهية القيود والقوانين الاجتماعية والخروج عليها ، وقد يؤدي هذا السلوك إلى عزل isolation الفرد عن الآخرين ، وينتج عنه صراع مستمر مع الآخرين ومع المؤسسات الاجتماعية social institutions .

الشخصية (Personality)

عرّف البورت الشخصية بأنها التنظيم الدينامي في الفرد لتلك الأجهزة الجسمية النفسية التي تحدد مطابقة الفرد في التوافق مع بيئتهِ، وهذا التعريف شامل فهو يتضمن العوامل الرئيسية في تحديد مفهوم الشخصية إذ أن علماء النفس لم

يتفقوا جميعاً على تعريف واحدٍ للشخصية وذلك لأن كل منهم ينطلق من نظريته الخاصة التي ينظر إلى الشخصية من خلالها وقد وضع الكثير من العلماء نظريات في الشخصية وذلك في محاولة لوضع إطار عام يفسر سلوك الفرد، ومن أقدم هؤلاء العلماء ابقراط (٤٠٠ ق.م) الذي صنف الناس إلى أربعة أنماط رئيسية على أساس الأخلاط أو السوائل التي كان يعتقد أن الجسم يتكون منها وهذه الأخلاط هي الدم، والسوداء والصفراء والبلغم. وسيطرة واحد من هذه الأخلاط في الجسم يؤدي إلى تغلب مزاج معين على الإنسان فيكون الإنسان حينئذٍ أما صاحب مزاج سوداوي أو بلغمي أو صفراوي أو دموي. وفي العصر الحديث وضعت نظريات كثيرة حول الشخصية أهمها نظرية كرتشمر الذي ذهب إلى وجود ثلاث أنماط للشخصية، البدين، الواهن، الرياضي أما شيلدون فقد ذهب إلى القول بوجود ثلاثة أنماط أساسية من التكوين الجسمي ـ النمط الداخلي التركيب (الحشوي) ـ والنمط المتوسط التركيب (العظمي) والنمط الخارجي التركيب (الجلدي). أما يونج فإنه كان يرى أن علاقة الفرد بالعالم الخارجي تتم بطريقتين فإن كانت علاقته منصبه على العالم الخارجي كان الفرد منبسطاً أما إذا كانت علاقته متحدة بالذات كان الفرد منطوياً.

الشخصية المعادية للمجتمع ANTISOCIAL PERSONALITY

نمط من العلاقات والاتصال غير التكيفي maladaptive أو غير الملائم مع الآخرين ، من خصائصه عدم إحساس الشخص بالمسؤولية ، وعدم قدرته على الشعور بالذنب والندم على الأفعال الخاطئة والضّارة بالآخرين .

الصراع (Conflict)

حالة نفسية مصدرها تعارض دافعي في نفس الفرد بحيث يصعب إرضاء أحدهما لتساويهما في القوة ومصادر الصراع قد تكون خارجية أو داخلية ذاتية. وقد يكون الصراع وقتياً مثل الصراع الناتج عن الرغبة في زيارة أحد الأشخاص أو البقاء في المنزل أو قد يكون مزمناً له أسبابه الكامنة في طفولة الفرد وقد يكون الصراع خفيفاً أو عنيفاً حاداً بسيطاً أو مركباً.

الصرَّع (Epilepsy)

داء عصبي مزمن ينشأ نتيجة خلل في الجهاز العصبي المركزي بسبب عدم انتظام التيار الكهربائي في الدماغ، يحدث تشنجات يعقبها فقدان الوعي، يظهر في مقتبل العمر، ومعظم المصابين بالصرع أذكياء وبعضهم بطيء والصرع أما أن يكون حاداً ويسمى الداء الكبير أو قد يكون معتدلاً ويعرف بالداء الصغير، في النوع الأول يسقط المريض مغشياً عليه ثم يسيل اللعاب من فمه ويأخذ في التعرق ثم يتبع ذلك تشنج عضلات الجسم كلها ثم لا تلبث أن تسترخي بعد دقائق حيث يستعيد المصاب وعيه. يعالج بالمهدئات والراحة

الصرْع

هو داء عصبي يعتري المصابين به فيفقدهم حسهم وشعورهم ويصرعهم إلى الأرض ويجعلهم يتخبطون في بدء حصوله يكون الجسم متوترا والوجه شاحبا ثم تحدث ارتجا فات شديدة وانطباق في الفكين وخروج زبد ممزوج بدم من الفم

وتنضم اليدان إحداهما على الأخرى وبعد مضي بضع دقائق يعود المريض إلى حالته الأولى فيميل للنوم فينام ثم يستيقظ كأنه لم يطرأ عليه شيء.

الطفولة CHILDHOOD

الطفولة هي مرحلة مبكرة من مراحل نمو الإنسان ، تتميز بالنمو الجسمي السريع rapid physical growth ، والمحاولات الأولى للتعلم وأداء أدوار ومسؤوليات البالغين efforts to learn how to assume adult roles and responsibilites وذلك من خلال اللعب play والتعليم الرّسمي infancycation ويرى معظم الباحثين أن هذه المرحلة تبدأ بعد سن الرضاعة infancy وتستمر حتى مرحلة البلوغ المبكر (أي من عمر ١٨ - ٢٤ شهراً وحتي ١٢-١٤ عاماً تقريباً) وتنقسم مرحلة الطفولة إلى مرحلتين أساسيتين هما : مرحة الطفولة المبكرة early childhood stage التي تبدأ مع نهاية مرحلة الرضاعة وتستمر حتى عمر ٦ سنوات وهي المرحلة الأولى لمحاولات التنشئة الاجتماعية التي تتميز باستقلال الطفل الحركي ، وتطور سلوكه الاجتماعي ، وعيه بفرديته . ومرحلة الطفولة المتوسطة أو المتأخرة middle or late childhood stage التي تبدأ من عمر ٦ سنوات إلى مرحلة المراهقة وتتميز هذه الفترة بالنمو الجسمي العنيف ، وظهور القدرات العقلية واتساع مجال النشاط الاجتماعي .

العصاب النفسي (Psychoneurosis)

اضطراب يتميز بشدة الاستثارة والانفعالية والقلق الشديد والوساوس. وتظهر على العصابي في أحيان كثيرة أعراضاً معينة كالخوف المرضي والاكتئاب ويتم سلوكه بالتعاسة وسيطرة مشاعر الذنب وعدم الفاعلية في المواقف الاجتماعية.

العقدة (Complex)

هي استعداد لاشعوري، لا يشعر به الفرد ولكنه يشعر بإثارة التي تبدو في سلوكه أو في جسمه وهي ثمرة صدمة انفعالية عنيفة أو خبرة مؤلمة وللتربية أثر كبير في نشوء العقد عند الأفراد فالإفراط في تدليل الطفل أو الإهمال الزائد يؤديان إلى فقدان الطفل للثقة بنفسه. وتسمى العقدة بالانفعال الغالب فيها فإذا كان الانفعال السائد هو الشعور بالذنب سميت عقدة الذنب ومن الثابت أن الفرد ينسى الظروف التي أحاطت بالعقدة وأدت إلى ظهورها.

العمر العقلي (Mental age)

مفهوم وضعه العالم النفسي الفرد بينيه وزميله سيمون وهو يشير إلى مستوى القدرة العقلية للفرد مقارنةً مع أقرانه في السن نفسه، فإذا استطاع فرد عمره ١٠ سنوات الإجابة على اختبار ذكاء يستطيع الأطفال العاديون في هذا العمر الإجابة عليه بنجاح كان عمره العقلي ١٠ سنوات. وهو عامل من عوامل تقدير نسبة الذكاء لدى الأفراد.

الغريزة (Instinct)

الغرائز عبارة عن دوافع طبيعية أساسية لسلوك الفرد ونشاطه تزوده بالقوة الحيوية الدافعة وتحدد غاياته وهي فطرية في الإنسان تولد معه والغريزة هي التي توجه انتباه الفرد نحو غايةٍ أو غرضٍ ما فيدركه ويشعر حياله بشعور خاص، لذلك فهو يسلك نحوه سلوكاً خاصاً أي أن للغريزة غرضاً ترمي إليه، فالغريزة الجنسية مثلاً تهدف إلى الحفاظ على النوع ولكل غريزة شعور خاص بها فالغضب يثير غريزة القتال والخوف يثير غريزة الهرب، والتعجب يثير غريزة الاستطلاع .

العلاج العملي ACTION THERAPY

مجموعة الإجراءات العلاجية وأساليب التدخل المباشرة التي يستخدمها المختص الاجتماعي بهدف تغيير أو تعديل سلوك العميل ويعتمد هذا النوع من العلاج على القيام بالأنشطة والأعمال التي تساعد في حل مشكلة العميل .

وللعلاج العلمي أنواع مختلفة منها :

١) تعديل السلوك Behavior modification .

٢) والعلاج العقلي أو المعرفي Cognitive therapy .

٣) والعلاج التجريبي أو الإختباري Experiential therapy .

ويستخدم مصطلح العلاج العلمي عادة للتفريق بينه وبين العلاج المعلوماتي information therapy الذي يهدف إلى تغيير السلوك بطريقة غير مباشرة

وذلك باستخدام أساليب التبصر وتزويد العميل بالمعلومات الضرورية لحل مشكلته.

العدوان AGGRESSION

سلوك يتصف بالعداء تجاه الآخرين ، وهـو سـلوك يمكـن ملاحظتـه في الغالـب بصـورة مبـاشرة وذلك عندما يظهر في شكل هجوم لفظي أو جسـدي physical and verbal attack أو بصـورة غير مباشرة عندما يظهـر عـلى شـكل تنـافس competition ويمكـن أن يكـون العـدوان سـلوكاً تدميرياً للنفس والآخرين إذا استخدم لإلحاق الأذى والضرر بالآخرين . ويستخدم بعض العلـماء الاجتماعيـين مصـطلح العـدوان للدلالـة عـلى السـلوكيات الضـارة . ومصـطلح الدفاعيـة assertiveness للسلوكيات التي لا يقصد بها إلحاق الأذى بالآخرين

الغضب ANGER

شعور عادي وسـوي normal emotion في أغلـب الأحيـان ، يظهـر عـادة عنـدما يشـعر الفـرد بالتهديد أو الخطر .مـن مظـاهره الإثـارة والاهتيـاج ، والسـلوك العـدواني الجسـدي أو اللفظـي physical or verbal attack ، وزيـادة معـدلات ضربـات القلـب ، ونشـاط في عمـل الجهـاز التنفسي ، والثورة والغيظ ، والسلبية . ويعتبر الغضب سلوك غير تكيفي maladaptive أو مرض عندما يتصف بالاستمرارية أو يظهر حتى في غياب المسبب .

الفرويدية :

مدرسة في التحليل النفسي أسسها اليهودي سيجموند فرويد وهي تفسِّر السلوك الإنساني تفسيراً جنسياً وتجعل الجنس هو الدافع وراء كل شيء كما أنها تعتبر القيم والعقائد حواجز وعوائق تقف أمام الإشباع الجنسي مما يورث الإنسان عقداً وأمراضاً نفسية. المؤسس: سيجموند فرويد المولود في فريبورج بمنطقة مورافيا من والدين يهوديين سنة ١٨٥٦ م. عاش طفولته برسلاو ألمانيا، ثم رحل إلى فيينا. وفي ١٨٨٥ ذهب إلى باريس وعاد في ١٨٨٦ وبدأ يشتغل بدراسة الحالات العصبية والهستيريا مستعملاً التنويم المغناطيسي. وضع كتاب تفسير الأحلام الذي نشره سنة ١٩٠٠ ثم تتالت كتبه والتي تتناول التحليل النفسي وصار للتحليل النفسي مدرسة سيكولوجية صريحة. أسس في فيينا مركز دائرة علمية وعقد المؤتمر الأول للمحللين النفسيين سنة ١٩٠٨ إلا أن هذه الدائرة لم تدم طويلاً إذ انقسمت على نفسها إلى دوائر مختلفة. أنضم إلى جمعية بناي برث اليهودية سنة ١٨٩٥ وراسل هرتزل وأهداه أحد كتبه مع إهداء، وسعيا معاً لتحقيق أفكار واحدة خدمة للصهيونية التي ينتميان إليها من مثل فكرة معاداة السامية التي ينشرها هرتزل سياسياً ويحللها فرويد نفسياً. رجالاتها: لارنست جونز: مسيحي مولداً يهودي شعوراً ووجداناً. ولهلهم ستكل: فرنز وتلز: أوتورانك: الفرد آدلر غير أن هذا الأخير قد افترق عن مدرسة فرويد ليؤسس مدرسة سماها مدرسة علم النفس الفردي مستبدلاً بالدوافع الجنسية عند فرويد عدداً من الدوافع الاجتماعية. كارل جوستاف يونج: سويسري نصبه فرويد رئيساً للجمعية العالمية للتحليل النفسي. لكنه خرج على أستاذه معتقداً بأن هذه المدرسة التحليلية ذات جانب واحدٍ وغير

ناضجة ووضع نظرية «السيكولوجية التحليلية». الفرويديون المحدثون: حدث انسلاخ كبير عن الفرويدية الأصلية وذلك عندما تكونت الفرويدية الحديثة التي كان مركزها مدرسة واشنجطن للطب العقلي وكذلك معهد إليام ألانسون هوايت في الولايات المتحدة الأمريكية وهي مدرسة تتميز بالتأكيد على العوامل الاجتماعية معتقدة بأن ملامح الإنسان الأساسية إيجابية وهم يلحون على نقل التحليل النفسي إلى علم الاجتماع للبحث عن أصول الحوافز البشرية في تلبية مطالب الوضع الاجتماعي ومن أبرز شخصياتهم. هاري ستاك سليفان. تـ ١٩٤٩ أريك فروم تـ ١٩٤٧م إبرام كاردينر تـ ١٩٤٥م كارن هورني إلا أنهم ما يزالون يتمسكون بأشياء كثيرة من نظرية فرويد الأصلية من مثل: ١ ـ الدافع اللاشعوري ٢ ـ الكبت والمقاومة وأهمية ذلك في التحليل أثناء العلاج ٣ ـ التأثير المستمر للخبرات الطفولية المبكرة ٤ ـ طريقة التداعي الحر وتحليل الأحلام واستعمال حقيقة النقل الأفكار: ترتكز على أسس ثلاثة هي الجنس الطفولة الكبت. نظرية الكبت هي دعامة نظرية التحليل النفسي وهي أهم قسم فيه إذ أنه لا بد من الرجوع إلى الطفولة المبكرة وإلى الهجمات الخيالية التي يراد بها إخفاء فاعليات العشق الذاتي أيام الطفولة الأولى إذ تظهر كل الحياة الجنسية للطفل من وراء هذه الخيالات. يعتبر فرويد مصّ الأصابع لدى الطفل نوعاً من السرور الجنسي الفمي والتغوط والتبول نوعاً من السرور الجنسي الأستي. اللبيدو طاقة جنسية أو جوع جنسي، وهي نظرية تعتمد على أساس التكوين البيولوجي للإنسان الذي تعتبره حيواناً بشرياً فهو يرى أن كل ما نصرِّح بحبه أو حب القيام به في أحاديثنا الدارجة يقع ضمن دائرة الدافع الجنسي. يفترض فرويد وجود غريزتين، غريزة الحياة وتتضمن مفهوم الجنس وجزءاً من غريزة

حفظ الذات وغريزة الموت وتمثل نظرية العدوان على الآخرين. اللاشعور هو مستودع الدوافع البدائية الجنسية. أل هي مجموعة من الدوافع الغريزية الموجودة لدى الطفل عند ولادته. أل أنا بعد قليل من ميلاد الطفل يزداد شعوراً بالواقع الخارجي فينفصل جزء من مجموعة الدوافع أل هي. أل أنا العليا هي الضمير الذي يوجه سلوك الفرد والجانب الأكبر منه لا شعوري. استفاد فرويد كثيراً من عقدة أوديب تلك الأسطورة التي تقول بأن شخصاً قد قتل أباه وتزوج أمه وأنجب منها وهو لا يدري. الآثار السلبية للفرويدية ١ ـ كثرة الإيماءات الداعية إلى الانحلال والتي أوردها فرويد في كتبه ٢ ـ الامتناع عن الجنس قبل الزواج قد يؤدي إلى تعطيل الغرائز عند الزواج ٣ ـ تحريم بقاء عذارة البنت بعد بلوغها لأنها تحمل «مشكلات» ٤ ـ تبرير عشق المحارم والزنا بهن ٥ ـ محاربة الدين ٦ ـ إيهامه أصحاب الأفعال الشاذة المحرمة أن ما يقومون به عمل طبيعي لا غبار عليه بدأت هذا الحركة في فيينا وانتقلت إلى سويسرا ومن ثمَّ عمَّت أوروبا وصارت لها مدارس في أمريكا.

الفصام (Schizophrenia)

مرض عقلي يتميز بتشويشات ذهنية حادة مقترنةً بانفصال عن العالم الخارجي وتفكك العالم الداخلي. وهو من الأمراض المستعصية على العلاج في الطب النفسي والعقلي ويتخذ أحياناً صوراً حادةً أو مزمنة وتنطوي أعراضه على التفكير غير المترابط وانعدام التجاوب العاطفي والأوهام والهلوسات. فقد يكون كلام المريض غير منطقي في أغلب الأحيان وقد يتلقى أخباراً مثيرةً دون

أدنى اهتمام أو تجاوب من ناحيتهِ وقد يدعي أنه رأى أشخاصاً يتحدثون إليه أو أنه سمع أصواتاً تناديه مع أن أحداً لم يخاطبه أبداً ولم يتفق الباحثون على أسباب الفصام إلا أن بعضهم يرجح أثر العوامل البيئية ويرى آخر أن أسبابه عضوية بينما يرى قسم ثالث أنه ناشئ عن تفاعل العاملين معاً. وهناك أنواع عديدة من الفصام منها، الهبفرينية hebephrenie والكتاتونية والفصام البسيط، والاضطهادية وشبه العصابية.

القلق (Anxiety)

انفعال شعوري مؤلم ناشئ عن الخوف من المستقبل ومما يحتمل أن يحدث، أو عن توقع العقاب أو الشر وهو يتضمن تهديداً داخلياً أو خارجياً للشخصية والقلق قد يكون طبيعياً أو مرضياً، والطبيعي يختلف في حدته وعنفه عن القلق المرضي وهو ناشئ عن أقدام المرء على موقف جديد وبقاؤه مرهون ببقاء هذا الوقف. أما القلق المرضي فهو الذي لا يعرف المرء مصدره وتكون أسبابه كامنةً في اللاشعور. وقد ميز فرويد بين أنواع ثلاثة من القلق، الواقعي والعصابي، والخلقي.

الكآبة (Depression)

اضطراب عصابي أو ذهاني. يتم النوع العصابي منه بالحزن الشديد وفقد الشهية والشعور بالعجز والتشاؤم والتأنيب المستمر للنفس ويسمى أحياناً اكتئاباً استجابياً reactive depression لأنه قد ينشأ نتيجة استجابة لفقدان موضوع أو نتيجة فشل في أداء عمل أو مهنة أو انقطاع علاقة اجتماعية وثيقة. أما النوع

الذهاني فهو درجة شديدة من الاكتئاب ومصادره الخارجية غير محددة وقد تنتهي حالات بعض المصابين به بمحاولة الانتحار أو الانتحار العقلي وتصحبه اضطرابات عقلية وادراكية كالهلاوس والهواجس.

الكبت (Repression)

حيلة دفاعية لاشعورية يلجأ إليها الفرد لكي يستبعد أفكاراً غير مقبولةٍ أو خبرات مؤلمة وإجبارها على البقاء في اللاشعور أو العقل الباطن لكي يتمكن من نسيانها أو إنكار وجودها، فالجندي الذي تشل ذراعه في المعركة ويُستبعد من ميدان القتال يتبين أن يده سليمة من الناحية التشريحية لكنها معطلة وظيفياً بسبب خوف قديم مكبوت وصراع نفسي ـ لاشعوري، وإن ما حدث له مجرد حيلة دفاعية، لاشعورية تجنبه الموقف الصعب الذي يواجهه.

اللعب

لم يعن المربون وعلماء التربية بمسألة اللعب إلا منذ زمان قريب فكان اللعب لا يتعدى في زمن الأقدمين بالنسبة للأطفال والشبان غير طور التلهي وصرف الفائض من النشاط الجثماني. وقد كانوا يعلمون أن الإدمان على الدرس وصرف الساعات المتواصلة في التحصيل يتعب الأعصاب ويكد العقل وأنه لا بد من صرف أوقات في التلهي واللعب لإعادة القوى المفقودة بالمجهودات العقلية إلى حالها الأولى. هذه الحقيقة أصبحت الآن عامة بين الناس فليس فيهم من يهملها ولكن الذي ينظر إليه علم التربية (البيداغوجيا) هو موضوع آخر يتعالى عن عقول العامة. ذلك أن علم التربية يرى في اللعب الشرط الأساسي

لإنماء القوى الجسدية والعقلية والأدبية. فأما من جهة ضرورته لإنماء القوى الجسدية فمما لا يختلف فيه اثنان فإنه لا شيء في العالم يستطيع أن يسير بالأعضاء نحو النمو غير اللعب الذي يقف له الطفل جميع قوى جسمه ويندفع فيه اندفاعا اضطراريا دافعا معه جميع مواهبه الجسدية والعقلية للحركة. وناهيك ما يكون وراء هذا من نمو مجموع تلك المواهب نموا متواصلا منتظما. ولكن الطفل إذا ترك ونفسه أكب على أنواع محدودة من اللعب لا تدفع جميع قواه للعمل معا فكان من الضروري للقائمين على تربيته وتكميل هدايته إلى أحسن وجوه اللعب على القواعد التي تقررت بين أئمة هذا الفن وهو ما يسمى بالجيمناستيك. ولقد نرى كثيرا من الآباء لحبهم أن يروا أبناءهم ناجحين في المدرسة يراقبونهم وقت فراغهم من الدروس فيضطرونهم لإعادة دروسهم أو لعمل واجباتهم المدرسية فيضرونهم بذلك ضررا عظيما جدا إذ يقفون حائلا بينهم وبين نموهم العقلي والجثماني فلا يتأدون إلا إلى عكس ما يطلبون. هذا فضلا عما يصابون به من شدة الانهماك من جمود القرائح، وقصر النظر وغير ذلك مما يؤثر أكبر تأثير على وجودهم المستقبل. فعلى هؤلاء الآباء بدل أن يقهروا أولادهم على ملازمة الدرس بعد ساعات المدرسة أن يقسروهم على اللعب في الهواء الطلق والرياضة في الجهات التي ترجع إليهم قواهم التي فقدوها في ساعات الدراسة. هذا خير وأبقى من قهرهم على متابعة العمل ليل نهار. هذا أثر اللعب في تنمية القوى الجسدية والعقلية معا أما أثره في تنمية القوى الأدبية فإن الألعاب تقتضي من الطفل أن يستخدم فيها إرادة ومهارة ودقة وحرارة وثباتا وغير ذلك فتنمو هذه الصفات فيه نموا مطردا ولا سيما إذا كانت الألعاب بين فريقين من التلاميذ كلعب الكرة فإنها تضطر كل فريق لأعمال

جميع مواهبه السابقة للحصول على الفوز والغلب ولا شيء في العالم يمكنه أن يستجيش كل هذه القوى الأدبية في الأطفال ويحملها على النمو غير اللعب لأن مجرد النصائح لا يغني شيئا فإن قلت لابنك كن قوي الإرادة صلبا في عزيمتك، دقيقا في أعمالك، جريئا لنيل أغراضك، ما فقه منك أكثر ما تقول ولئن فقه لم يَعْدُ في نظره حد الكلام الفارغ الذي يدخل من إذن ويخرج من أخرى. ولكنك لو دفعته للعب الكرة مع فريق ضد فريق دفعته الفطرة رغم أنفه لاستخدام إرادته وعزيمته وقوته العضلية، وما أودع في جبلته من حيلة ومهارة وجرأة وبعد نظر الخ فلا ندري كيف يكره الآباء بعد هذا أن يروا أبناءهم يلعبون ويحبون أن يروهم منكبين ليل نهار على الدرس أو جامدين حيث هم لا يتحركون؟. ولقد فطر الله النفوس على اللعب لهذا الغرض فتراه عاما بين الأطفال والشبان وبين جميع الطوائف الحيوانية مما يثبت لك ببرهان محسوس أنه شرط أساسي في تنمية القوى وترقية المواهب.

المراهقة (Adolescence)

هي مرحلة الانتقال من الصبا المتأخر إلى سن الرشد وتمام الرجولة والأنوثة وتمتد من سن الثانية عشرة إلى العشرين وهي أهم مراحل النمو التي يمر بها الفرد وأخطرها وتبدأ مع النضج الجنسي الذي يعرف بالبلوغ وتمتاز بالقلق والرغبة في الاستقلال عن الكبار. وفترة المراهقة قد تكون قصيرة أو طويلة إذ أن هذا يختلف من مجتمع إلى آخر ومن طبقةٍ إلى أخرى. وقد تنعدم المراهقة في المجتمعات البدائية وتطول في المجتمعات الحديثة وهي عند الإناث تبدأ قبل

الذكور بسنتين عادة ومن الملاحظ أن معدلات الجناح تـزداد في هـذه الفـترة وكـذلك معـدلات الانتحار وتعاطي المخدرات والكحول.

المزاج (Temperament)

هو مجموعة خصائص انفعالية لدى الفرد تتفاوت في درجة قوتها أو ضعفها، وثباتهـا أو تقلبهـا، أول من تحدث عن المزاج الطبيب اليوناني جالينوس الذي قال بـأن أحـد الأخـلاط الأربعـة هـو الذي يقرر مزاج الإنسان وهذه الأخلاط هي الدم، البلغم، السوداء، الصفراء. أما في علم النفس الحديث فإن المزاج يتحدد بالعوامـل التكوينيـة والفطريـة وتأثيرات الغـدد الصـماء والعوامـل الفسيولوجية الأخرى. وقد تبين أن المزاج يتأثر ببعض الخصائص البدنية الخارجية .

المنهج التجريبي (Experimental methode)

هو قياس بعض السـمات أو القـدرات العقليـة أو المهـارات الحركيـة تحـت شـروط مضـبوطة في معمل علم النفس وباستخدام أجهزة وأدوات قياس خاصة.

الهستيريا (Hysteria)

اضطراب عصابي تتطور من خلاله أعراض عضوية كالشلل أو فقدان البصر دون أن يكـون لـذلك أساس جسمي. ويشعر المصاب بهذا العصاب أنه بحاجة إلى حب الآخرين واهتمامهم ويبدو أن الهستيريا محاولة للهرب من صعوبة يبدو التغلب عليها أمـراً صـعباً للغايـة. والهستيريا شـكلان رئيسيان الأول يسمى

الهستيريا التحولية [را: هستيريا تحولية] ويتخذ شكل اضطرابات جسدية منتقلة. والثاني يمتاز بالتفكك والشرود.

الهستيريا التحولية (Conversion hysteria)

مرض عصابي يشعر المريض به بآلام جسدية عديدة تنتقل من عضو إلى آخر في جسمه، كالشلل أو العمى أو فقد القدرة على النطق، بحيث تتعطل القدرة الوظيفية للعضو المصاب، على الرغم من أن هذا التعطيل ليس له أساس عضوي. والهستيريا في الحقيقة ما هي إلا حيلة عقلية لاشعورية يلجأ إليها المريض لتجنب موقف صعب المواجهة، فالطالب الذي يصاب بالعمى ليلة الامتحان يلجأ لاشعورياً إلى هذه الحيلة لتجنب دخول الامتحان.

الهلوسة (Hallucination)

اضطراب يجعل الفرد يشعر بأشياء لا يشعر بها الآخرون فقد تحدث للمرء هلاوس سمعية auditory hallcinations فيعتقد أنه سمع أصواتاً لا يسمعها الآخرون. أو قد تحدث لديه هلاوس بصرية visual hallcinations فيظن أنه رأى أشياء أو أشخاص أو حيوانات بينما لا يراها الآخرون الأسوياء. وقد تظهر الهلاوس مرافقة لبعض الأمراض العقلية الذهانية ويمكن إثارة الهلاوس من خلال تعاطي الكحول والمخدرات والعقاقير مثل عقار الـ (LSD).) .

الهو (Id)

حسب فرويد هو الجانب اللاشعوري من النفس، الذي ينشأ منذ الولادة ويحتوي الغرائز التي تنبعث من البدن والتي تمدنا بالطاقة النفسية اللازمة لعمل الشخصية بأكملها فهو جانب غريزي غير خاضع لتأثير المجتمع والأخلاق وهو دائم السعي للحصول على اللذة وتجنب الألم ويخضع لمبدأ اللذة وليس لمبدأ الواقع وهو الذي يمد الجانبين الآخرين، الأنا، والأنا الأعلى بالطاقة اللازمة لعملياتهما ويحتوي في الوقت نفسه على العمليات العقلية المكبوتة التي استبعدتها المقاومة عن الأنا. والأنا، والأنا الأعلى هما اللذان يكبحانه ويعملان على لجمهِ والسيطرة عليه.

الهوس :

طرف من الجنون ، و تهوس أي جن و المهوس ذو الهوس.

الوهم (Illusion)

يعرف الوهم على أنه اعتقاد خاطئ غير متفق مع الوقائع ذو مصدر مرضي. ويشكل اقتناعاً مطلقاً غير خاضع لمبادئ العقل. وأسبابه كثيرة ولكن ليس له علاقة بالصحة العقلية فقد ينشأ عن التعب والإرهاق الشديد أو عن الحمى أو أي سبب آخر.

مراجع الكتاب

المراجع العربية

١- أبو سماحة، كمال و محفوظ، نبيل، و الفرح، وجيه (١٩٩٢) تربية الموهوبين والتطوير
التربوي، دار الفرقان للطباعة والنشر والتوزيع، عمان، الأردن.

٢ - أبو عيطة، سهام درويش (١٩٩٧) مبادئ الإرشاد النفسي، دار الفكر للنشر والتوزيع، عمان،
الأردن.

٣ - بيبي، هدى الحسيني (٢٠٠٠) **المرجع في الإرشاد التربوي، الدليل الحديث للمربي
والمعلم**، أكاديميا، بيروت، لبنان.

٤- الخطيب، جمال (٢٠٠٣) **تعديل السلوك الإنساني**، دار حنين للنشر والتوزيع، عمان الأردن.

٥- خليل، رسمية علي (١٩٨٦) الإرشاد النفسي، مكتبة الأنجلو المصرية، القاهرة.

٦- روبنز، أنتوني (٢٠٠٥) **أيقظ قواك الخفية**، مكتبة جرير، الرياض، المملكة العربية السعودية.

٧- الرفاعي، نعيم (١٩٨٨) الصحة النفسية دراسة سيكولوجية التكيف، منشورات جامعة
دمشق،سوريا.

٨- الريماوي، محمد عودة و التل، شادية و العتوم، عدنان و علاونة، شفيق و البطش، محمد
وليد و الزغول، رافع و الزغول، عماد و شريم، رغدة و جبر، فارس و غرايبة، عايش و
الزعبي، رفعة و

مصطفى، رضوان و السلطي، ناديا و الجراح، عبدالناصر، (٢٠٠٤) **علم النفس العام**، ط١،
عمان، الأردن، منشورات دار المسيرة.

٩- الزعبي، أسعد (٢٠٠٢) الإتصال والعلاقة الإرشادية، منشورات الجامعة الأردنية.

١٠- زهران، حامد عبدالسلام (١٩٩٨) التوجيه والإرشاد النفسي، عالم الكتب، القاهرة.

١١- سيد، عبدالحميد محروس (١٩٨٧) الإرشاد النفسي والتوجيه التربوي والمهني، مكتبة
وهبة، القاهرة، مصر العربية.

١٢- الشناوي، محمد محروس (١٩٩٦) العملية الإرشادية، دار غريب للنشر والتوزيع، القاهرة.

١٣- الشناوي، محمد محروس (١٩٩٤) **نظريات الإرشاد والعلاج النفسي**، دار غريب للطباعة
و النشر، القاهرة.

١٤- الشناوي، محمد محروس (١٩٩٠) تحليل مهني لعمل المرشد الطلابي: دراسة في مدينة
الرياض، ألقي في اللقاء الرابع للجمعية السعودية للعلوم التربوية والنفسية.

١٥- شيفر، شارلز، ميلمان، هوارد (١٩٨٩) مشكلات الأطفال والمراهقين وأساليب المساعدة
فيها، ترجمة نزيه حمدي و نسيمة داوود، منشورات الجامعة الأردنية، عمان، الأردن.

١٦- الصرايرة، أسماء (٢٠٠٣) **أثر برنامج تدريبي مستند لنظرية جولمان للذكاء الانفعالي في
مستوى التفكير الإبداعي ومفهوم الذات**

لدى طلبة الصف السادس الابتدائي، أطروحة دكتوراه غير منشورة، جامعة عمان العربية للدراسات العليا، عمان، الأردن.

١٧- الصياح، رنا (١٩٩٧) **فاعلية برنامج تدريبي لزيادة دافعية الإنجاز لدى المتعلمين**، رسالة ماجستير غير منشورة، جامعة دمشق، دمشق، سوريا.

١٨- الظاهر، قحطان أحمد (٢٠٠٤) تعديل السلوك ، دار وائل للنشر والتوزيع، عمان،الأردن.

١٩- طه، محمد (٢٠٠٦) الذكاء الإنساني اتجاهات معاصرة وقضايا تقدمية، سلسلة عالم المعرفة، العدد (٣٣٠) الكويت.

٢٠- العتوم، عدنان يوسف و علاونة، شفيق فلاح و الجراح، عبدالناصر ذياب و أبو غزال، معاوية محمود (٢٠٠٥) **علم النفس التربوي النظرية والتطبيق**،ط١، عمان، الأردن دار المسيرة للنشر والتوزيع.

٢١- العزة، سعيد حسني (٢٠٠١) الإرشاد النفسي أساليبه وفنياته، الدار العلمية الدولية ودار الثقافة للنشر والتوزيع، عمان الأردن.

٢٢- عمر، ماهر (١٩٩٢) المقابلة في الإرشادية والعلاج النفسي، دار المعرفة الجامعية.

٢٣- كاتفيلد جاك ، هانسن مارك فيكتور ، هيوت لس (٢٠٠٢) **قوة التركيز ، كيف تحقق أهدافك العملية والشخصية والمالية بثقة مطلقة**، ط١، الرياض، المملكة العربية السعودية، منشورات مكتبة جرير.

٢٤- كاتي ف، ننلي (٢٠٠٦) دماغ التلميذ دليل الأباء والمعلمين، ترجمة محمد الريماوي، دار المسيرة للنشر والتوزيع والطباعة، عمان، الأردن.

٢٥- كرين، وليام (١٩٩٦) نظريات النمو مفاهيم وتطبيقات، ترجمة محمد الأنصاري، سلسلة الدراسات العلمية الموسمية المتخصصة، الجمعية الكويتية لتقدم الطفولة العربية (٢٥)، الكويت.

٢٦- كلارك، باربارا (٢٠٠٤) **تفعيل التعليم: النموذج التربوي المتكامل في غرفة الصف**،ط١، ترجمة يعقوب حسين نشوان ، عمان ، الأردن، دار الفرقان للنشر والتوزيع.

٢٧- ليبمان، ماثيو (١٩٩٨) المدرسة وتربية الفكر، ترجمة (إبراهيم الشهابي) منشورات وزارة الثقافة، دمشق، سوريا.

٢٨- محمود،عصام (٢٠٠١) ديناميات السلوك الإنساني واستراتيجيات ضبطه وتعديله، دار البركة للنشر والتوزيع، عمان، الأردن.

٢٩- ملحم، سامي محمد (٢٠٠٢) مناهج البحث في التربية وعلم النفس، ط٢، دار المسيرة للنشر والتوزيع والطباعة، عمان، الأردن.

٣٠- ملحم، سامي محمد (١٩٩٠) مفهوم الذات وعلاقته بالتحصيل الدراسي لدى الأطفال، دراسة ميدانية لبناء مفهوم ذات إيجابي، الرياض، جامعة الملك سعود، المجلد الثاني، مجلة العلوم التربوية (٢).

٣١- ندا، عاصم محمود (١٩٨٩) الإرشاد التربوي والنفسي، دار الكتب للطباعة و النشر الموصل، العراق.

المراجع الأجنبية

32 - Aileen,O'Brien, Burns, Tom (2000) Approaches in Psychiatric Care in The Community in The UK, The Arab Journal of Psychiatry, vol,11 No.2 p, 81- 87.

33 - Axelrod. S. & Hall; R. (1999) Behaviour modification; Basic Principles. Austin, TX: Pro- ED.

34 -Axelrod,S,R (1983) Behaviour Modefication for Class Room Teacher, New York. Hills.Comp.

35- Blake, Richard (1995) Mental Health Counseling and Older People Drinkers, Journal of Mental Health Counseling, 12,3, 359- 367

36- Borders, Dianne (1999) Potential of Developmental Counseling and Therapy & Systematic Cognitive Developmental Therapy in Addressing tow Elusive Themes of Mental Health Counseling, Journal of Mental Health Counseling, 16, 1, 76-82

37-Bronson, Martha.B (2000) Self – Regulation in Early Child Hood , Nature and Nurture, The Guilford – Press New York.

38-Brown,S, & Lent,R,W.(1992) Handbook of Counseling Psyconology. New york. John willey's & sons.

39-Corey, Gerald (2001) Theory and Practice of Counseling and Psychotherapy, Australia, Brook- colle

40-Cormier;W.H. & Cormier;L,S,(1985) Interviewing Strategies for Helpers (2en ed) Monterey,CA.Brooks/ cole

41-Leavitt,F (1991) Research Methods for Behavioral Scientistis, WCS, Brown Publishers.

42- Ryle, Antony (1988) Psychotherapy, A Cognitive Integration of Therapy and Practice, London, Academics press.

43- Sharf, Richard (1996) Theories of Psychotherapy and Counseling Consepts and Cases, Pacific Grove, Brooks- Cole Puplishing com.

44-Strong , S,R, (1986) Counseling An Interpersonal Influence Process, Journal of Counseling Psycology, 15, 215- 224.

45- Watters,J (1984) Techinques of Counseling, 6th ed. New York: Harcourt Book Company.

46-Waters, Jane (1975) Techinques of Counseling, Macgrow, Hells. Book Company, New York , 2nd ed

47-Wells,Adrian (2001) Cognitive Therapy of Anxity Disorders, Apractice Manual and Concptual Guide, Chichester, John Willes & Sons.

48- Young, L, D, & Patterson, J:N (1981) Information and Opinions about Behaviour Modification. Journal of Behaviour Theraby and Experimental Psychatry,12,189-196.

فهرس المحتويات